# THÈSE

## POUR LE DOCTORAT

Châteauroux. — Typographie et Stéréotypie A. MAJESTÉ

DE

# L'ESTIMATION DE LA DOT

### EN DROIT ROMAIN

## DE LA

# CLOTURE DES HÉRITAGES

### EN DROIT FRANÇAIS

L'ACTE PUBLIC SUR LES MATIÈRES CI-APRÈS SERA SOUTENU

## Le Mardi 27 Juin 1882, à midi

PAR

### Joseph-Louis-Marie-Victor GRIFFATON

Né à la Flèche (Sarthe) le 15 août 1855.

Président M. LABBÉ

SUFFRAGANTS :
| MM. BUFNOIR | Professeurs |
| RENAULT | |
| LAINÉ | Agrégés |
| LÉON MICHEL | |

## PARIS

LIBRAIRIE NOUVELLE DE DROIT ET DE JURISPRUDENCE

## ARTHUR ROUSSEAU, ÉDITEUR

14, RUE SOUFFLOT, ET RUE TOULLIER, 13

1882

A LA MÉMOIRE DE MA MERE

A MON PÈRE

A MA GRAND'MÈRE

A MES SŒURS ET A MES FRÈRES

A MES PARENTS

A MES AMIS

# DROIT ROMAIN

DE

# L'ESTIMATION DE LA DOT

## INTRODUCTION

Le mariage, dans tous les temps, et dans tous les pays, a entraîné avec lui un règlement pécuniaire, nécessaire pour assurer une existence à la nouvelle famille qui s'organise.

Il n'y a donc pas lieu de s'étonner, si nous trouvons sur le mariage, et sur les intérêts pécuniaires qui y sont connexes, de nombreux textes dans la législation romaine.

Parmi ces textes qui, à travers les âges, nous sont parvenus, certains fragments mettent en lumière, le fait d'une estimation de la dot apportée au mari.

Rapprochés les uns des autres, ces fragments ne nous permettent point de considérer cette estimation comme une pratique ordinaire des Romains au jour du mariage, sans aucune conséquence juridique.

Les effets que produit le fait de l'estimation, son au contraire sanctionnés de telle façon, qu'ils méritent une étude spéciale d'autant plus nécessaire, qu'ils sont loin d'être identiques, et de conduire au même but, en toutes circonstances.

Les lois « si ante matrimonium » (10, § 4. D. 23, 3).
« Cum res in dotem » et « quotiens res » (69, § 7. —
16, D. 23, 3) citées à titre d'exemples, montrent ces
différences :

L. 10, § 4. — Si ante matrimonium, æstimatæ res
dotales sunt, hæc æstimatio, quasi sub conditione
est : namque hanc habet conditionem : si matrimonium
fuerit secutum. Secutis igitur nuptiis, æstimatio rerum
perficitur, et fit *vera venditio*.

Si les choses dotales ont été estimées avant le
mariage, cette estimation est réputée conditionnelle,
car elle est subordonnée à cette condition, si le mariage a eu lieu. Par conséquent, une fois le mariage
contracté, l'estimation se trouve parfaite et forme une
véritable vente.

L. 69, § 7. — « Cum res in dotem æstimatas, soluto
matrimonio, reddi placuit, summa declaratur, *non
venditio contrahitur* : ideoque *rebus evictis*, si mulier
bona fide eas dederit, *nulla est actio viro*, alioquin de
dolo tenetur. »

« Lorsqu'on convient que les choses données en
dot seront rendues à la dissolution du mariage, on
ne fait que déclarer la somme à laquelle monte leur
valeur ; on ne contracte point une vente. Aussi, en cas
d'éviction de ces choses, si la femme les a données de
bonne foi, le mari n'a aucune action. Si elle les a
données de mauvaise foi, elle est tenue de l'action de
dol. »

La loi 16 au contraire disait : — « Quotiens res æstimata in dotem datur, *evicta ea*, virum *ex empto* contra uxorem *agere*....... »

« Toutes les fois qu'une chose a été donnée en dot

avec estimation, si le mari en est évincé, il a contre sa femme l'action d'un acheteur. »

Les commentateurs du droit romain, pour mettre en lumière la distinction entre les effets divers attribués à l'estimation de la dot, ont employé la terminologie suivante : « *æstimatio venditionis causa* » ou simplement « æstimatio » et « *æstimatio taxationis causa* » (1).

Cette dernière expression paraît n'avoir jamais été connue des jurisconsultes romains, et cette traduction libre, bien qu'exacte de leur pensée, a permis à un professeur de l'Université de Gand d'émettre une opinion toute nouvelle.

Lorsque les Romains, en donnant une dot, faisaient une estimation sans la qualifier, cette estimation dans le doute avait-elle pour effet d'entraîner une *venditio*, ou simplement une *taxatio*, comme disent les commentateurs ?... En un mot, sauf volonté contraire exprimée par les parties, l'estimation était-elle toujours une venditio, ou bien ne l'était-elle jamais, sauf volonté expresse des constituants ?

M. Van Wetter (2), dans son *Cours élémentaire de droit romain* a écrit : « Il arrive fréquemment que les objets dotaux sont soumis à une estimation préalable, non pas dans le but d'opérer une vente, (æstimatio venditionis causa) mais pour fixer le montant des dommages et intérêts à payer par le mari en cas de perte ou de détériorations imputables : (æstimatio taxationis

---

(1) Secus autem si facta sit æstimatio tantum intertrimenti, id est taxationis causa. Vinnius castig. t 1. p. 279, col. 1, éd. 1779. — Demangeat : *De la condition du fonds dotal.* p. 44. éd. 1860.

(2) Van Welter. *Cours élémentaire de droit romain*, t. II, p. 180. Gand, 1872.

causa) — (21, C. V. 12) — (l.50 et 69, § 7, D. 23, 3).

» Ce que, dans le doute, l'on doit présumer comme dérogeant le moins au droit commun. »

Ce même auteur (1), dans la deuxième édition de son cours, enseigne que : « pour que l'estimation puisse être interprétée dans ce dernier sens, une convention spéciale est nécessaire, car une vente ne se présume point (69, § 7. init. D. 23, 3). Exceptionnellement l'estimation de la dot a pour but de vendre les biens estimés au mari pour le montant de l'estimation. En général, cette estimation a pour but de déterminer le montant des dommages et intérêts à payer par le mari. »

Les textes cités à l'appui de cette doctrine par M. Van Wetter ne paraissent point avoir la portée que leur attribue ce professeur. Sans aucun doute, ils ont trait à une æstimatio taxationis causa, mais nulle part je n'y vois que l'estimation doive, en cas de doute, être présumée faite dans ce but.

La loi 69, § 7. de Papinien (D. 23, 3) nous montre une convention intervenue pour ôter à la dot son effet. « Quum res in dotem æstimatas, soluto matrimonio reddi placuit, summa declaratur, non venditio contrahitur. Ideoque rebus evictis, si mulier bona fide eas dederit, nulla est actio viro ; alioquin de dolo tenetur. »

C'est ce que Cujas, dans son commentaire sur les *Quæstiones* de Papinien, dit fort bien : « Ponit autem hoc loco Papinianus unum casum, quo etsi æstimatæ

____

(1) Van Wetter. *Cours élémentaire de droit romain*, t. II p. 269) Gand, 1876. 2e édit.

sint res datæ in dotem, tamen pro inæstimatis habeantur : puta, si *convenerit* ut eædem ipsæ res quæ æstimatæ sunt, soluto matrimonio redderentur (1).

Covarruvias, Scipio gentilis, Donneau, Fabre, et à notre époque de très savants maîtres, MM. Maintz, Demangeat, Pellat, Accarias, Labbé enseignent encore cette doctrine, et me paraissent n'avoir aucun doute sur sa véracité.

Mais si la majorité des commentateurs est d'accord, les textes des jurisconsultes sont précis sur ce point, et tous parlent d'une convention, (pacte, ou stipulation), faite après l'estimation, pour lui enlever son effet de vénte. La loi 10, § 4 d'Ulpien (si ante matrimonium) (D. 23, 3) nous montre un cas où l'estimation est conditionnelle et elle ajoute que : « une fois le mariage contracté, l'estimation se trouve parfaite, et forme une véritable vente ».

« Si ante matrimonium æstimatæ res dotales sunt, hæc æstimatio quasi sub conditione est : namque hanc habet conditionem : *si matrimonium fuerit secutum.* Secutis igitur nuptiis æstimatio rerum perficitur et fit vera venditio. »

La loi 32 de Javolenus (2), de pactis dotalibus (23, 4); la loi 5 au code « quotiens res æstimatæ, (V. 12) surtout confirment cette thèse.

« Quotiens res æstimatæ in dotem dantur, maritus

---

(1) Cujacii op. ad lib. IV, resp. Papinianis ad § cum res (69, D. 23, 3)

(2) Sur ce texte, M. Demangeat fait remarquer que c'est par erreur qu'il a été inséré dans le Digeste, car dès l'année 550 Justinien avait modifié la décision de ce texte. Cette observation qui porte sur le consentement de la femme au cas d'aliénation de l'immeuble dotal n'infirme en rien la force du texte dans la question qui nous occupe. (Demangeat, De *fundo dotali*).

dominum consecutus summæ velut pretii, debitor efficitur. Si itaque non convenit, ut soluto matrimonio
restituerentur, et jure æstimatæ sunt retinebit eas, si
pecuniam tibi offerat (3 id. ap. 227). »

Toutes les fois que les choses sont apportées en dot
avec estimation, le mari devenu propriétaire est débiteur du montant de l'estimation comme du prix. Si
donc il n'a pas été convenu qu'à la dissolution du
mariage les choses mêmes seraient restituées, et s'il
y a eu estimation régulière, le mari en offrant la somme
retiendra les objets.

Que veulent dire ces mots du rescrit d'Alexandre ?

Si ce n'est que le seul moyen d'empêcher la vente,
c'est de modifier par un pacte l'effet de l'estimation.

La solution juridique romaine est donc que l'estimation doit être regardée comme une vente ; et que
ce n'est qu'exceptionnellement qu'elle a l'effet d'une
taxatio.

# CHAPITRE PREMIER

## DE L'ESTIMATION DE LA DOT

Le mot « æstimatio » vient de « æs ». Festus (1) dans son traité : « De verborum significatione » nous dit : « æstimata pœna ab antiquis ab ære dicta est, qui eam æstimaverunt ære, ovem decussis, bovem centussis, h. e, decem vel centum assibus. Mommsen (2), dans son histoire romaine, nous explique que les Latins adoptèrent l'airain, le cuivre « æs », comme métal pour les armes et les instruments de culture. Le cuivre « æs », devint bientôt un article d'importation ou d'échange. Les Latins qui ne l'avaient par chez eux l'adoptèrent comme type et son nom passa dans la langue commerciale à titre estimatif de valeur.

Les Romains ne paraissent pas avoir réglementé la façon de faire l'estimation. Il n'était guère dans leurs mœurs de procéder ainsi.

La coutume romaine laissait agir les parties, puis, peu à peu, si la nécessité s'en faisait sentir, sanctionnait certains actes des citoyens en leur donnant des effets juridiques spéciaux. Ce qui ressort des textes, c'est que les parties, au lieu de faire elles-mêmes l'es-

(1) Festus. *De verb. sign.* mot *æstimata*, et les notes p. 25. Leipsig, 1839.
(2) Mommsen, *Histoire romaine* I, p. 264. Traduction, 1863.

timation, s'en remettaient à l'appréciation d'un tiers
« homme de bien » : c'est également que l'estimation était d'un usage fréquent, puisque en matière de
louage, de commodat, de société, de legs, les textes
nous en montrent des applications.

Ce serait toutefois une grave erreur, d'appliquer
la règle que l'estimation vaut vente à toutes ces hypothèses. C'est le propre de la législation coutumière de
n'appliquer des conséquences juridiques aux actes
que, lorsque le besoin en est démontré. Et la maxime
« æstimatio venditio est, » n'est point une de ces règles que l'on puisse impunément transporter d'une
matière à une autre.

Pour le prouver, il suffit de citer la loi 77, § 30. D.
legatis 2°, 39.

D'après cette loi, en matière de legs, l'estimation ne
produit aucun effet : « Pater qui filio semissem dederat et, sororibus ejus impuberibus quadrantes, quibus
fratrem tutorem dedit, ita fuerat locutus : « fili con-
tentus eris pro suo semisse aureis decentis et vos filiæ
pro vestris quadrantibus centum aureis. » Vice
mutua liberis fidei commissum hereditatis reli-
quisse non videbatur, sed æstimationem ut a paren-
tibus frugi fieri solet, patrimonii sui fecisse : nec idcirco fratrem, judicio tutelæ bonæ fidei rationes quan-
doque præscriptiones demonstratæ quantitatis exclu-
surum. »

Au contraire, en matière de société, et de commodat, l'estimation produit un effet, mais, ce n'est pas
celui d'une vente. L'estimation augmente la responsabilité de celui qui a reçu la chose : « Damna quæ im-
prundentibus accidunt, hoc est, damna fatalia, sacra

non cogentur præstare, ideoque si pecus æstimatum datum sit, et id latrocinio aut incendio perierit, commune damnum est, si nihil dolo aut culpa acciderit (ejus qui æstimatum pecus accepit) : Quod si a furibus subreptum sit, proprium ejus detrimentum est : quia custodiam præstare debuit qui æstimatum accepit. Hæc vera sunt et pro socio erit actio ; si modo societatis contrahendæ causa pascenda data sunt, quamvis æstimata. » (52, § 3 D. prosocio 17, 2).

«... Si forte res æstimata data sit omne periculum præstandum ab eo qui æstimationem se præstaturum recepit », (5, § 3. D. commodati 13. 6) dit Ulpien dans la série édictale, et nous pouvons rapprocher ce qu'il dit au livre 32 de la même série « æstimatio autem periculum facit ejus qui suscipit » (1. D. De æstimatoria 19. 3).

Dans le contrat de louage, nous voyons l'estimation reprendre le caractère de la vente. Je le dirai au moins pour les instruments aratoires qui se trouvent sur le fonds. « Cum fundus locetur et æstimatum instrumentum colonus accipiat, Proculus id ait agi, ut instrumentum emptum habeat colonus : sicuti fieret cum quid æstimatum in dotem daretur » (3. D. locati 19. 2) — nous dit Pomponius, et Paul, au même titre, me paraît enseigner la même doctrine relativement à l'esclave (54, § 2. D. locati 19. 2).

Faut-il chercher à expliquer ces bizarreries apparentes ? ce pourrait n'être pas sans intérêt, mais l'entreprise serait difficile.

L'on pourrait dire cependant, que le Préteur a reconnu la nécessité de couper court à des difficultés, et il s'est dit qu'en des matières difficiles à conserver, et à rendre en état, il fallait mieux supposer une vente qu'un louage : le règlement s'en faisant alors pour un prix fixe, sans appréciation.

Dans le commodat, la nature même du contrat, qui est l'obligation de restituer l'individualité de la chose prêtée, empêche toute fiction de vente, et dans la société l'apport des parties a pour but un gain, et non la cession à l'un ou à l'autre des associés, des biens de l'un quelconque des membres de la société. En estimant son apport, ce qui est une preuve de sa valeur et de l'intérêt que l'associé apporte à sa conservation, il n'a voulu qu'imposer aux autres et à lui-même un soin plus grand du patrimoine social.

## SECTION PREMIÈRE

### De l'Estimation quæ facit venditionem, ou mieux de la venditio dotis causa.

C'est le propre de l'estimation en matière de dot, d'équivaloir à une vente.

« Ulpien (D. 10, § 4 et 5 de jure dotium 23. 3) nous le dit positivement. « Secutis igitur nuptiis, æstimatio rerum perficitur et fit vera venditio », au § 5 il dit : « æstimatio venditio est. »

L'æstimatio, qualifiée par le jurisconsulte de *vera venditio*, entraînait-elle les effets du contrat appelé emptio venditio ?

En principe, il faut répondre affirmativement. Cependant en se souvenant que notre matière appartient à la législation prétorienne, et que la situation du mari et du constituant de la dot est loin d'être semblable à celle d'un vendeur et d'un acheteur ordinaire, eu égard aux qualités des personnes, nous devons dire que ce serait une erreur d'attribuer à l'æstimation toutes les règles de l'emptio venditio.

Les jurisconsultes romains le comprenaient et Ulpien lui-même, après avoir écrit qu'il y avait une *vera venditio*, avec cette langue si nette, si précise, qui permet de se jouer d'un rigorisme formulaire plein d'étroitesse, dans un autre passage, avait indiqué la nuance qui existait entre les deux opérations par l'expression *dotis causa*.

« Quotiens res æstimata in dotem datur, evicta ea. virum ex empto contra uxorem agere... Quæ sententia habet æquitatem ; quia non simplex venditio sit, sed dotis causa... »

Entre l'emptio venditio, et la venditio dotis causa, il faut signaler les cinq différences.

La première a trait aux gains que peut faire l'acheteur évincé, par suite des dommages et intérêts qui lui sont alloués pour le dédommager de l'éviction, et à la stipulatio duplæ, si elle est intervenue.

Dans toutes les ventes, l'acheteur évincé peut agir contre son vendeur « quanti ejus inter est rem evictam non fuisse », et, outre le remboursement, il peut obtenir une indemnité pour le tort que lui cause l'éviction.

Cette somme, excédant le prix, lui appartient, et il la conserve ; ce sont des principes incontestés en matière de vente.

S'il a stipulé le double, cette quotité lui appartient en tous cas. Dans la venditio dotis causa, Ulpien nous donne une règle toute différente.

Sans doute, le mari peut faire la stipulatio duplæ, sans doute, il recevra le « quanti ejus interest rem evictam non fuisse » ; mais toutes ces sommes reçues, il ne pourra les conserver à titre de bénéfice, il devra les restituer intégralement à la femme.

« Quotiens res æstimata in dotem datur, evicta ea virum ex empto contra uxorem agere potest, et, quidquid eo nomine fuerit consecutus, dotis actione soluto matrimonio, ei præstare oportet ; quare et si duplum forte ad virum pervenerit, id quoque ad mulierem redigetur.

» Toutes les fois qu'une chose a été donnée en dot avec estimation, le mari, s'il est évincé, agira contre sa femme par l'action d'un acheteur, et tout ce qu'il aura obtenu à ce titre, il devra le lui rendre, à la dissolution du mariage par l'action de la dot. Si donc le mari avait reçu le double, il le devrait rendre également à la femme. »

Et le jurisconsulte nous en donne le motif. « Cette opinion, ajoute-t-il, est conforme à l'équité, parce qu'il n'y a pas ici une simple vente, mais une vente pour cause de dot, et que le mari ne doit point gagner au dépens de la femme. Il suffit que le mari soit indemnisé ; il ne faut pas qu'il ait un bénéfice.

« Quæ sententia habet æquitatem, quia non simplex venditio sit, sed dotis causa, nec debeat maritus lucrari ex damno mulieris. Sufficit enim, maritum indemnem præstari, non etiam lucrum sentire » (16 D. de jure dotium 23. 3).

C'est cette raison qu'il importe de retenir, elle est la clef des dérogations que nous allons encore rencontrer.

Le Préteur, pour des motifs que nous aurons à rechercher, à dû se dire : « Je vais donner l'action d'un contrat au mari dans le cas de la dot. Je vais le traiter comme un acheteur, je le veux bien, il y a des avantages au point de vue social pour prendre cette décision : mais faut-il faire du mari et de la femme deux étrangers, cherchant à faire des profits ? Ce serait jeter dans le mariage un élément de difficultés qui doivent y rester étrangères.

» Que le mari ne soit pas en perte, ou que la perte se partage, cela suffira. »

L'acheteur, au moment du contrat, se trouve pourvu d'une action ex empto, mais en face de lui, il trouve le vendeur muni d'une action ex vendito.

Dans la dot, cette position de combat n'existe pas, et le mari reçoit d'après les textes l'action *ex empto*. Mais la femme ou le constituant n'a pas à l'encontre l'action *ex vendito*.

Accurse (1) nous en donne une raison : ce n'est pas une vente ordinaire (venditio simplex) et il n'est pas contraire au bon sens d'accorder à l'une des parties, c'est-à-dire au mari l'action ex empto, et à l'autre, c'est-à-dire à la femme, l'action ex stipulatu pro dote.

Il invoque comme argument la loi « Potest » au titre mandati (l. 41, **D.XVII, 1**) pour prouver la possibilité d'un tel arrangement. L'argument peut être savant au point de vue du texte ; mais il me semble plus simple d'expliquer encore par les rapports que le Préteur a voulu voir entre les parties, et d'ajouter que l'action ex vendito eût ensuite été peu utile, lorsque la femme s'est vue munie d'une action rei uxoriæ s'appliquant à toute sa dot.

Il y a toutefois une objection à présenter, tirée des termes de la loi « Ex conventione » (C. De pactis, II. 3) où l'on rencontre ce mot vendito. « Sed si fundus æstimatus, ita ut pars instrumenti significat, in dotem datus est, ex vendito actio ut placitis stetur, competit ».

Tous les glossateurs et Cujas sont d'avis que l'on

_______________

(1) G<sup>de</sup> Glosc. ad leg. Cum dotem C. V. 12. « sed an etiam ipsa habet ex vendito soluto matrimonio ad æstimationem dotis ? Non puto. Nec enim simplex venditio est « *l. ut quotiens* ». Nec est absurdum in altera tantum parte dari ex empto et altera ex stipulatu pro dote ; ut arg. ff. Mandati l. Potest.

doit lire ex empto (1). Ce changement d'expression n'est du reste pas rare (2).

Donneau (3), dans son commentaire du code, l'interprète par ces mots : « ex contractu emptionis. » Il revient à cette interprétation à la loi « si pacto », au même titre : « Si causam quæsumus, competit emptori etiam actio ex venditione si nomen actionis ea solum competit quæ ex empto appellatur. »

Après ces deux différences, l'une ayant trait au montant des restitutions, l'autre à l'action du contrat, nous trouvons des différences quant à la lésion qui peut survenir au préjudice des parties, et au droit d'exercer cette action en rescision.

Dans le contrat de vente, s'il y a lieu de faire rescinder la vente, c'est toujours au vendeur qu'appartient le droit d'agir, jamais à l'acheteur, sauf le cas de minorité de 25 ans. C'est la doctrine qu'établissent au Bas-Empire Dioclétien et Maximien. Dans le droit classique, il n'est point question d'une lésion et d'une rescision de la vente.

Dans la venditio dotis causa, le mari, c'est-à-dire l'acheteur, a le droit d'intenter cette action en rescision, ainsi que la femme venderesse, et cela par cette raison qui dirige le Préteur, qu'il n'y ait pas enrichissement de l'un au détriment de l'autre.

« Si in dote danda circumventus sit alteruter, etiam majori annis viginti annis quinque, succurrendum est : quia bono et æquo non conveniat aut lucrari aliquem

---

(1) Grande glose, lex conventione de pactis (C. 11. 3).
(2) Vide cum damno alterius, aut.—D. de act. empti, Lege veteres (19. 1).
(3) Donneau, VII, p. 168. VII, p. 194.

damnum sentire per alterius lucrum (6, § 2. D. 23. 3) (1).

Les empereurs Maximien et Dioclétien ont suivi la même doctrine (6, C. V. 18).

Le quantum de la lésion, qui peut se produire, soit parce qu'on a surfait le prix, soit, au contraire, parce que l'on a déprécié l'objet, nous amène à une quatrième différence.

L'on sait qu'à l'origine les Romains avaient admis la liberté absolue des ventes. Entre acheteur et vendeur, c'était une lutte ; à chacun de connaître son métier, tant pis pour le vaincu.

« Idem Pomponius ait, nous dit Ulpien, le savant Pomponius l'a dit : « in pretio emptionis et venditionis naturaliter licere contrahentibus se circumscribere » (16, § 4. D. 23, 3).

Dioclétien et Maximien (ann. 286) modifient cette législation en établissant une rescision pour cause de lésion au cas de vileté du prix, à condition que la vente soit faite à un prix inférieur à la moitié de la valeur de la chose (L 2 et 8, C. 4, 44). C'est toutefois sur ce point une question encore fort débattue de savoir si toutes les ventes étaient sujettes à ce droit, ou s'il s'appliquait uniquement aux ventes d'immeubles (2).

Relativement à la dot il y a une doctrine tout autre : la lésion d'une des parties, si minime qu'elle soit, doit être réparée et il y a ce point à noter : c'est que ce droit ne date pas de l'époque de Dioclétien. Nous le

_____

(1) Cujacii observ. XVI. cap. 18. — Emerillii variant. II, cap. 5.

(2) Accarias, II, 442 no 2. — Demangeat, II, 314. — Maynz, II, 18 214, no 11, l'applique aux meubles et aux immeubles et invoque à cet effet la généralité de la l. 2, et les Basiliques,

trouvons existant bien antérieurement et le remède inventé par la constitution impériale, n'est autre que celui appliqué par la coutume, au cas où les époux ont été lésés. C'est une option pour l'acheteur de restituer ou de payer la juste valeur.

La loi : Si in dote, au titre De jure dotium, est claire :

« Si l'une ou l'autre des parties est lésée dans la constitution de dot, on viendra à son secours, quand même elle serait majeure de 25 ans, parce que la bonne foi et l'équité ne permettent pas que l'on s'enrichisse aux dépens de l'autre, ou que l'on souffre un dommage pour l'avantage de l'autre » (6, § 2, de Pomponius D. 23, 3).

C'est là, la vraie cause de cette protection contre toute lésion si minime qu'elle soit, et non pas uniquement comme on pourrait le croire, l'idée de protéger exceptionnellement la dot de la femme pour assurer un second mariage.

Quant à la lésion, plusieurs hypothèses peuvent se présenter, et il convient de les examiner. Les parties par un accord commun ont fait une estimation inférieure ou supérieure, ou bien encore l'une ou l'autre des parties a été trompée dans le taux de l'estimation.

Les parties volontairement ont estimé l'objet, ou trop, ou pas assez cher, quelle a pu être leur intention ? Il est fort à présumer qu'elles ont voulu faire une donation. Pour savoir l'effet que va produire cette estimation, faut-il se demander à quel moment elle a été faite ? Cela n'est pas nécessaire.

Ulpien (l. 12, D. 23, 3), nous le dit. « Constante matrimonio, vel ante matrimonium, la solution est la même. Faite, matrimonio constante, elle n'a aucune valeur, faite, ante matrimonium, elle subit le même sort.

Il y a peut-être une difficulté. Modestin, (l. 27, **D.** de donationibus inter virum et uxorem, **XXIV.** I), nous dit : qu'entre fiancés, la donation est valable.

Inter eos qui matrimonio coituri sunt, ante nuptias donatio facta jure consistit, etiam si eodem die, nuptiæ fuerint consecuta, »

Scævola, Julien, Ulpien, nous donnent la même doctrine. Pourquoi ne pas voir ici une donation faite en cette situation et décider qu'elle est valable ? C'est que sans le mariage effectué, il n'y a pas dot. « *Dos sine matrimonio* esse non potest », nous dit Paul. Or, cette constitution de dot n'a de valeur que par le mariage ; sans le mariage, c'est un acte inexistant. J'ajouterai que cette donation déguisée sous forme d'æstimatio dotis, ne doit pas avoir plus de valeur qu'une donation entre époux, et l'on sait que la coutume romaine avait introduit cette prohibition. Accomplir un acte à un moment où il est prohibé, ou accomplir un acte dont l'effet ne pourra se produire qu'au moment même où l'acte ne pourrait se faire, c'est absolument la même chose (1).

Cette doctrine ne fait aucun doute, au cas où la vi-

---

(1) « Si res æstimata post contractum matrimonium donationis causa adprobetur, nulla est æstimatio, quia nec res distrahi donationis causa potest, quum effectum inter virum et uxorem non habeat : res igitur in dote remanebit. Sed si ante matrimonium, magis est ut in matrimonii tempus . collata donatio videatur, atque ideo non valet ». 12 pr. D. 23. 3.

« S'il est prouvé qu'une chose a été estimé après le mariage contracté, dans l'intention de faire une donation, l'estimation est nulle, attendu qu'une chose ne peut-être vendue avec intention de donner, puisque tout

leté du prix est excessive, ainsi dans une estimation,
faite uno sestercio, ou bien asse cajano (1). Mais fau-
drait-il se montrer aussi sévère au cas où le prix a été
seulement surfait un peu? Le mari a estimé 120.000
sesterces un bien qui ne valait que 100.000 sesterces.
Dirons-nous que l'estimation est nulle? Ulpien (2) nous
cite une décision de l'empereur qui confère au mari
un choix : ou rendre l'objet, le fundum, ou rendre l'estimation.

« Si maritus æstimationem rerum quas in dotem
accepit, dicat se donationis causa auxisse ; remedium
monstravit imperator noster, cum divo patre suo
rescripto cujus verba hæc sunt : cum donationis
causa pretium auctum adfirmes, qui super ea re cog-
niturus erit, si pecuniæ modum recusabis, ipsa prædia
restitui debere sumptuum deductis rationibus arbitra-
bitur. In arbitrio igitur mariti erit, quid præstitum
malit. Idem juris est, et si e contrario mulier de
minore æstimatione queratur. »

Puisque j'ai cité cette décision de l'empereur Caracalla, je veux élucider de suite une question que
soulève ce texte. « Le mari, dit l'empereur, qui vien-

acte de ce genre entre mari et femme est sans effet. La chose restera donc
dotale. Faite avant le mariage, cette estimation est censée se reporter au
temps du mariage. et par conséquent elle n'aura pas de valeur ».

1. On sait que sous l'empire, on avait donné ce nom à un prix déri-
soire. Selon Barthius, le motif serait la réduction que Calligula fit subir à cette monnaie, en diminuant son poids considérablement pour payer
les dettes énormes qu'il avait contractées. (Suetone, *Calligula* 37).·Tu-
rnebius donne à cette expression une autre origine. Ce serait l'as fictif
par lequel Caius achetait Caia comme épouse. La première explication
me paraît plus satisfaisante.

2. (7. § 5, D. 24, 1).

dra déclarer que, *donationis causa*, il a augmenté la valeur des fonds dans son estimation, aura le choix, ou de rendre le fonds ou de payer l'estimation, et Ulpien ajoute : « *idem juris est : et si e contrario mulier de minore æstimatione queratur.* »

Qu'est-ce à dire ? La femme venant à se plaindre, et disant qu'elle a diminué la valeur du fonds pour le donner à son époux, aura-t-elle l'option ou de réclamer le bien, ou de réclamer l'æstimatio ?

Je ne crois pas qu'il faille donner à la décision de l'empereur cette portée. Il déclare que l'homme comme la femme peuvent être reçus à faire disparaître la donation que l'un d'eux a voulu faire à l'autre. Mais il ne donne point à la femme l'option : c'est du reste la solution qu'indique Ulpien dans la loi 12, § 1 (D. 23,3), et il me paraît difficile de sortir de cette règle.

Ainsi donc, l'option n'appartient jamais à la femme.

« Si mulier se dicat circumventam minoris rem æstimasse, ut puta servum : si quidem circum in hoc venta est, quod servum dedit, non tantum in hoc quod minoris æstimavit ; in eo acturam, ut servus sibi restituatur, enim vero si in æstimationis, modo circumventa est, erit arbitrium mariti, utrum justam æstimationem an potius servum præstet ? »

« Si la femme prétend s'être trompée en estimant la chose, par exemple, un esclave au-dessous de sa valeur, il faut distinguer si la lésion qu'elle éprouve consiste à avoir donné cet esclave, et non pas seulement à l'avoir estimé trop peu, et alors elle agira pour se le faire restituer. Mais si elle a été lésée dans le taux de l'estimation, alors le mari verra s'il doit fournir la juste valeur ou rendre l'esclave. »

Dans la seconde hypothèse, l'un ou l'autre des parties a été trompée. Le mari a été trompé, il croyait recevoir un fonds d'une valeur de 100,000 sesterces, et il n'en vaut que 50,000. Il se trouve exposé à un double danger : 1° Ou à subir les risques, car il est réputé acheteur (10, § 4, D. 23, 3), et si la chose vient à périr, il en subit les conséquences.

2° Ou à restituer un prix de beaucoup supérieur au fonds reçu, summæ velut pretii debitor efficitur (15, C. V. 12), (l. 10, C. V. 12).

N'y a-t-il aucun remède ? La jurisprudence romaine, guidée par cette pensée, que les époux ne doivent pas se faire de tort réciproquement (6, § 2, D. 23, 3), a décidé que le mari restituerait le justum pretium (1) seulement. Cette solution nous est indiquée par le rescrit de Dioclétien.

L'erreur a fait une victime, mais ce n'est plus le mari : c'est la femme. Il faut distinguer alors, et se demander si cette erreur est le résultat d'un dol ou si le dol y est étranger. S'il y a eu manœuvres dolosives de la part du mari, celui-ci devra non pas l'estimation qui a été faite ; mais la justa æstimatio. C'est ce que enseignait Scævola, nous dit Ulpien, qui approuve sa doctrine (l. 12, § 1, D. de jure dotium, 23, 3). Les empereurs Dioclétien et Maximien se sont rattachés à cette opinion (6. C. V. 18) : mais ce texte n'est pas complet, et je crois qu'il faut y ajouter le fragment fort court de la loi, code (de dolo malo, II, 21) de Dio-

_______

(1) (40, § 2. D. de solut.), (6 C. V. 18).

clétien et Maximien. « Dolum ex indiciis perspicuis probari convenit. »

C'est du moins conforme aux principes, et les empereurs par l'expression : « Vulgo patere scire præsidem provinciæ quatenus judicare debeat », me paraissent renvoyer à l'ancien droit. « Scævola autem in marito notat, si dolus ejus adfuit, justam æstimationem præstandam : et puto verius quod Scævola ait. »

« Scævola remarque relativement au mari, que, s'il y a eu dol de sa part, il devra payer la juste estimation. Je regarde cette opinion de Scævola comme vraie. »

Toutefois, si la tradition n'avait pas eu lieu, et si la femme venait à mourir, conformément aux principes généraux, il faudrait accorder aux héritiers l'exception de dol.

Si nous supposons au contraire que la conduite du mari ait été exempte de tout dol, les Romains se préoccupent alors de savoir sur quel point porte l'erreur résultant du dol. Est-ce sur l'objet? c'est-à-dire la femme a-t-elle fait tradition d'un objet, autre que celui qu'elle croyait donner, elle peut le réclamer (12, § 1. D. 23, 3).

Ainsi, elle a donné telle esclave, une Cosmetes, par exemple, au lieu d'une Vestiplica, elle pourra la répéter. Le juge, grâce au « quidquid æquius melius » de la formule, fera droit à sa demande. Ceci est pour le cas où l'esclave est encore vivante ; mais si l'esclave a péri, la femme devra-t-elle voir son erreur réparée, ou bien en supportera-t-elle les conséquences ?

Le texte ne prévoit pas spécialement le cas.

Évidemment, elle ne peut plus recevoir l'esclave ;

mais aura-t-elle droit à sa valeur, ou au prix convenu ? Je me rangerai à l'opinion d'Accurse (1) qui veut ici que la femme puisse répéter la justa æstimatio. C'est ce que le texte ne me paraît contredire.

Si, au contraire, il y a eu erreur sur le taux de l'estimation, la femme pourra réclamer, mais le mari, à son choix, rendra : ou l'esclave ou l'estimation (l. 12, § 1. D. 23, 3).

Toutefois, si l'esclave avait péri, il devrait rendre l'estimation, et il ne devrait rendre que l'estimation convenue, alors même que l'écart serait considérable, la loi « Si res, § 1 » ne distingue pas, et il convient de se rappeler la situation de la femme. Eût-elle apporté sans estimation cet esclave à son mari, la mort de l'esclave, la perte du corps certain, objet de la dette du mari, eût libéré le mari. Si donc elle a fait l'estimation, elle doit s'estimer heureuse que cette estimation maintienne pour le mari une obligation de rendre, et il est juste qu'elle se contente de l'estimation faite.

C'est du reste le principe général en matière d'obligation alternative, et la loi «Si circumscripta, § fine» dit : « pretium quod dotali instrumento indictum est, considerabitur. »

L'estimation faite doit être payée. La jurisprudence cependant fait deux dérogations à cette règle, en cas de mort de l'esclave. La première, nous l'avons étudiée, c'est au cas où il y a eu dol du mari, — et il faut l'appliquer à la femme majeure ou mineure. La seconde, c'est au cas où une femme *mineure*

_______

(1) (*Accurse*, ad leg. Si circumscripta).

*de* 25 *ans* avait trouvé avant le mariage un acquéreur du bien, et qu'elle avait renoncé à la vente pour se constituer une dot. Alors le mari doit la justa æstimatio, et dans ce cas, il ne paraît même pas avoir l'option entre le prix ou l'objet. C'est du moins l'opinion de Marcellus que je n'ai trouvée contredite nulle part.

Nous avons décidé que le mari seul avait le choix entre le paiement de l'estimation et la restitution de la chose ; mais à quel moment l'exercera-t-il ? Est-ce pendant le mariage ? est-ce après la dissolution ?

Baldus enseigne qu'il y a là une exception à la fameuse règle que toute restitution de la dot est impossible, le mariage subsistant.

(Vide Baldus novel. tract. de dote privilegiata 37, p. 7.)

Il faudrait toutefois admettre dans cette hypothèse que la femme devrait restituer au mari ou une chose semblable ou une somme équivalente à la première estimation.

Nous avons vu que le mari peut agir ? quel moyen emploiera-t-il ?

S'adressera-t-il à l'officium judicis ?

Invoquera-t-il la restitution per edictum ?

Ou bien usera-t-il de l'action ex empto ?

Ces doctrines ont été soutenues par Baldus, Odcfredus, Fulgosius, mais je crois que la dernière opinion seule a quelque valeur : il aura l'actio ex empto (l. Sed Celsus D. de contrac. emptione). C'est du reste la doctrine de Cujas et de Pinellus .

Le motif : c'est que la restitution in integrum est éteinte au bout de quatre ans, et il serait étonnant que le Préteur qui tenait tant à protéger les rapports de l'un et de l'autre des époux, eût ainsi limité le temps de sa protection, et quant à l'officium, il n'y a aucune raison de l'invoquer ici.

A ces différences, il faut en ajouter une autre qui n'est peut-être pas, au point de vue de la nature de cette institution, la moins importante.

Lorsqu'un contrat de vente a été conclu, c'est-à-dire, lorsque les parties ont été d'accord sur l'objet et sur le prix, avec l'intention de s'obliger, la vente est parfaite. Les obligations sont nées de part et d'autre, et sauf le cas où le negotium répugnerait au contrat de vente (1), auquel cas il y aurait un autre contrat, il y a bel et bien vente.

Dans l'estimation de la dot, il peut n'y avoir pas venditio, les obligations résultant du consentement des parties sur l'objet, et sur le prix avec l'intention de s'obliger réciproquement peuvent ne pas exister, et l'action exempto peut ne pas prendre naissance. C'est ce que va nous montrer clairement notre seconde section.

## SECTION II.

### De l'æstimatio taxationis causa.

Le caractère de venditio, attribué par la coutume romaine au fait de l'estimation, peut disparaître soit par la nature même de l'opération, et comme conséquence de certains principes juridiques, soit par le fait de la volonté des parties.

Si nous admettons l'estimation faite avant le ma-

_______________

(1) Insulam, hoc modo, ut aliam reficeres vendidi : respondit nullam esse venditionem : sed civili intentione agendum (66. D. 19, 5) de Neratius.

riage, et si nous supposons que ce mariage ne se réalise pas, nous n'aurons pas une venditio. La réalisation du mariage est une condition nécessaire de la dot c'est la raison, la *cause* même de la dot, et cette cause venant à défaillir, la venditio disparaît.

« Si ante matrimonium æstimatæ res dotales sunt, hæc æstimatio quasi sub conditione est. Namque hanc habet conditionem, si matrimonium fuerit secutum ; secutis igitur nuptiis æstimatio rerum perficitur, et fit vera venditio » (l. 10, § 4, D. 23. 3).

» Si res æstimata data, nuptiæ secutæ non sint, videndum est quid repeti debeat, utrum res an æstimatio ? Sed id agi videtur, ut ita demum æstimatio rata sit, si nuptiæ sequantur, quia nec alia causa contrahendi fuerit, res igitur repeti debeat, non pretium » (17, § 1 ; D. 23, 3 ).

Si donc il n'y a pas eu tradition, les choses en restent là ; mais si la tradition a été effectuée, nous nous trouvons en présence d'une datio sine causa, et alors il y a lieu au profit de la femme ou du constituant, à une condictio sine causa (l. 6. D. 12. 4. — l. 10. D. 12, 4).

La femme n'aura même que cette action, car dans cette hypothèse, l'actio rei uxoriæ lui serait refusée. Cette action suppose une dot, or, ici, la dot n'existe pas.

Mais le mariage a été célébré, la dot constituée, les traditions effectuées, supposons que les époux fassent ensuite estimation de leurs biens, cette estimation vaudra-t-elle vente ? Les principes du droit nous font décider que non, car, il ne peut y avoir vente entre époux, et à partir du moment où les donations entre époux ont été prohibées, ce serait un moyen détourné d'échapper à l'interdit qui défendait les donations entre époux, ainsi qu'aux lois Julia défendant la vente du bien dotal. Mais je crois qu'il en serait différemment au cas d'une augmentation de la dot pendant la durée du mariage.

L'estimation faite en même temps que cette constitution me paraîtrait devoir être valable, pourvu qu'elle ne déguisât pas une donation. Cette hypothèse d'une augmentation est prévue par beaucoup de textes.

La volonté des parties peut encore ôter à l'estimation son caractère de venditio. Les textes nous révèlent plusieurs pactes que les Romains avaient faits à ce sujet.

Scævola (50, D. 24, 3) nous cite cette convention « ut ex quacumque causa dos reddi deberet, ipsæ res restituerentur, habita ratione augmenti vel diminutionis, viri boni arbitratu : quæ vero non exstarent ab initio æstimatio earum ».

Dioclétien et Maximien décident au cas d'un pacte : « ut si matrimonium intra quinquennium, forte tempora quoquo modo esset dissolutum, species æstimatæ doti datæ, pretiis quibus æstimatæ sunt redderentur (21, C. V, 12).

Ulpien nous montre le pacte : « ut aut æstimatio, aut res præstantur... utrum mulier velit... (vel) utrum maritus..... C'est une alternative...

Tous ces pactes enlèvent à l'estimation son caractère de vente et en font une estimation purement taxative de valeur.

Si par un pacte on peut enlever à l'æstimatio son

caractère de venditio, une stipulation produira-t-elle le même effet ?

Un rescrit de Sévère et Antonin (1, C. VI, 18) nous apprend que la stipulation donne le même effet : toutefoissi à l'origine la femme a pu agir soit par l'action rei uxoriæ, soit par l'action ex stipulatu, sous Justinien après la loi unique du code, l'action rei uxoriæ ancienne a disparu.

Par un pacte, par une stipulatio, l'estimation peut être détournée de son but, mais l'effet produit par ces deux actes est-il toujours immédiat ?

Les parties n'ont rien voulu décider. L'estimation selon l'événement produira son effet de vente ou de non vente. C'est ce que nous voyons dans la loi 50, (D. æstimatis 24, 3).

L'arrivée de la condition décidera de l'effet à donner à cette estimation. Toutefois une difficulté pourrait surgir : les parties ont bien décidé que la chose serait rendue ; mais elles n'ont point décidé qui ferait le choix.

A qui donc appartiendra-t-il ?

Si nous prenions comme guide les décisions en matière de legs, nous verrions que c'est au légataire et non à l'héritier du débiteur qu'appartient l'option : (Dubio D. de legatis ?)

Dirons-nous de même pour la dot ? Je ne le crois pas à cause du § final de la loi plerumque (1). Nous avons toujours ici en parlant de la venditio dotis causa ou de l'æstimatio taxationis causa, prévu l'hypothèse, où les parties avaient fixé un prix certain. Mais

_________________

(1) (10, D. 23, 3).

quelle devrait être l'interprétation au cas où les parties,
sans vouloir fixer ce prix, ont décidé que ce soin appartiendrait à un tiers ?

Nous nous trouvons en présence d'une règle spéciale, qu'il faut mettre en lumière.

Et d'abord, il y a eu estimation sans prix fixé, on
a dit, on a écrit qu'on donnait des fonds estimés, mais
on n'a pas mentionné leur valeur.

Ici, sans aucun doute, nous n'aurons ni une venditio dotis causa, ni une taxatio ? Mais on a confié à Titius le soin d'estimer, c'est un arbitre auquel on a remis l'accomplissement de cette opération délicate.

Si Titius fait l'estimation, nul doute que nous aurons une estimation valable, nous aurons une vente à
moins que les parties ne l'aient dit (*Ul C.* de contra.
vendit.), mais si Titius refuse, les choses resteront-elles en état ? Y aura-t-il dot estimée ou non estimée ?

Si nous suivions les principes généraux en matière
de vente, nous devrions décider qu'il n'y a pas estimation, et par conséquence pas de venditio dotis
causa.

Mais en matière de dot, il faut aller plus loin, et
nous devons dire qu'il y aura venditio quand même, et
que l'on s'en remettra à un tiers « homme de bien quelconque », pour apprécier, pourvu qu'il y ait eu un arbitrage demandé par les parties (69, § 4, D. 23., 3) (1).

----

1. Cette faveur peut paraître étrange, mais pour bien la comprendre,
il faut voir jusqu'où les Romains ont poussé les dérogations en faveur de
la dot.

Il est de principe connu, qu'une stipulation, lorsqu'elle est faite en
termes tels qu'il est impossible de savoir ce qui a été promis, est non
avenue.

Si donc l'on a omis de désigner un arbitre, et si l'on a promis une dot,

« Si la promesse faite par le père de la femme est
indéterminée, le juge taxera le quantum... » Nous
n'avons plus lieu de nous étonner si la coutume si
favorable à la constitution de dot, a voulu que l'estimation fût faite en tous cas, et malgré le refus du tiers
designé.

### SECTION III

#### Des effets de l'estimation

Nous avons rencontré en quelque sorte deux estimations, l'une qui fait vente, l'autre qui aboutit à une
simple évaluation.

Nous pouvons affirmer dès maintenant qu'aucune
d'elles, n'est sans importance et sans entraîner des conséquences juridiques. Mais ces conséquences ne sont
pas toutes les mêmes, et nous en ferons l'objet d'une
étude séparée.

### § I

#### *Effets de la Venditio dotis causa*

L'estimation vaut vente, et les textes déjà cités nous
montrent le mari qualifié d'emptor, pourvu d'une
action ex empto, agissant au cas d'éviction, responsable au cas de risques.

Quelle situation cette qualification va-t-elle lui
créer ? quelle différence va-t-il y avoir entre un mari

sans dire ce qui la composait, il semble que l'on doive décider qu'il n'y
a pas eu dot.

Mais un texte de Papinien nous montre que cette promesse est valable
au cas où la promesse dérive du père, car le taux de la dot s'apprécie
d'après la position du mari et de la femme.

qui reçoit des biens non estimés et un mari qui reçoit des biens estimés purement et simplement ?

Si nous consultons les anciens commentateurs, nous voyons de longues dissertations sur la question du dominium dotis. Est-ce le mari, est-ce la femme qui a la propriété, chaque commentateur invoque des textes à l'appui de sa thèse ?

Cette grande question de la propriété de la dot à Rome n'a, pour ainsi parler, été élucidée que de nos jours. Grâce à l'introduction de l'interprétation historique, en rendant à chaque époque les textes qui lui appartiennent, en donnant aux mots leur véritable sens ; l'on a tranché cette question et on nous permettra de n'y pas revenir, ce point étant un peu en dehors de notre sujet. Certains commentateurs anciens avaient indiqué, qu'au cas d'estimation, le mari était plus pleinement propriétaire que s'il n'y avait pas eu estimation ; ceci n'est pas exact. L'estimation de la dot n'augmente pas la propriété du mari. Le mari est maître de la dot sous toutes les formes du mariage : maître absolu, sans obligation de restituer à l'origine, puis peu à peu grevé d'une obligation de restituer, imposée par les mœurs : mais obligation qui ne diminue rien de son dominium. Une tradition nouvelle seule pourra le lui ôter

La venditio dotis causa ne rend donc pas le mari propriétaire, plus pleinement propriétaire, et ce serait commettre une grave erreur, que de lui donner ce caractère. La venditio dotis a transporté sur un équivalent impérissable l'obligation de restituer. Était soumis aux obligations résultant de la constitution de la dot : le bien donné æstimatione facta, y est soumis le prix convenu, le montant pécuniaire de l'estimation.

Je vous ai donné en dot ma maison de campagne, elle peut brûler, elle peut être détruite, si tout cela arrive sans votre faute, vous n'aurez rien à restituer, car vous n'êtes obligé qu'à me rendre cette maison. Que si, au contraire, je l'ai estimée, ce n'est plus elle que vous devez rendre ; mais la somme d'argent dont nous sommes convenus, même au cas où la maison dont elle tient la place ne serait plus.

L'effet capital, c'est donc de subtituer à un objet déterminé, une valeur, et ce sera une première différence entre le mari ayant reçu une dot estimée et le mari ayant reçu une dot non estimée.

Mais cet effet n'est pas le seul. L'estimation produit une vente. La vente a des règles spéciales, des effets spéciaux que nous devrons appliquer.

Dans toute vente, il y a des droits et des obligations.

L'acheteur sous l'obligation de payer, prend les risques à sa charge ; mais, d'autre part, il a droit à être garanti de l'éviction qui proviendrait d'une cause antérieure à son acquisition.

Le mari qui reçoit des choses estimées, l'estimation faisant vente, a-t-il les mêmes obligations et les mêmes droits ?

Le mari a l'obligation de restituer, qu'il y ait estimation ou non, lorsque les objets lui sont remis en dot. Mais lorsque ces objets viennent à périr, qui en subit les conséquences ?

Ici nous voyons l'estimation entrer en jeu. Le mari qui reçoit un bien non estimé ; que ce bien vienne à périr totalement ou partiellement, ne doit plus rien s'il n'y a pas faute de sa part.

Au contraire, si le bien a été estimé, comme son obligation n'est pas d'un corps certain qui puisse s'éteindre *rei interitu*, il sera tenu de la restitution de la dot. Réputé acheteur, il devra comme un acheteur le montant de l'estimation qui joue ici le rôle du prix.

Ulpien (10, **D.** 23, 3) nous le dit ainsi que Paul (frag. vat. 111).

« Paulus respondit, rebus non æstimatis in dotem datis, maritum culpam, non etiam periculum præstare debet).

Dans le cas d'estimation, les risques sont à la charge du mari. La loi d'Ulpien (10, D. XXIII, 3) est conforme en cela aux principes des Institutes sur la vente (lib. 3, t. 23, § 3). Mais à partir de quel moment cette responsabilité commence-t-elle ? L'estimation est-elle suffisante ? la tradition est-elle nécessaire ? Ça été une longue discussion entre les interprètes et l'on sait combien cette formule inexacte « res perit domino » a fait naître d'erreurs. L'estimation suffit pour lui faire encourir cette responsabilité, sa situation est celle d'un acheteur. Toutefois, si la femme eût été en demeure de livrer, elle n'aurait point d'action, nous dit Ulpien : « Si rem æstimatam mulier in dotem dederit, deinde ea moram faciente in traditione, in rerum natura esse desierit, actionem eam habere non puto. » — « Si la femme a donné en dot une chose estimée, et qu'ensuite, depuis que la femme est en demeure de la livrer, cette chose ait cessé d'exister, je pense qu'elle n'a point d'action. »

Le mari est responsable des dégradations ou des

pertes entraînées par l'usage que la femme fait à sa connaissance des objets, des vêtements ou des esclaves qui sont à son service personnel. C'est ce qu'enseigne Ulpien à la loi 10. C'est ce que dit également Papinien (53, D. 24, 1) : « Res in dotem æstimatas, consentiente viro, mulier in usu habuit : usu deteriores si fiant, damni compensatio non admittitur. » — « In dotem rebus æstimatis traditis, quamvis eas mulier in usu habeat viri dominium factum videretur » (69, § 8, D. 23, 3).

On peut toutefois présenter une objection et se demander s'il n'y a pas là une donation prohibée entre époux. Il est facile de répondre que la femme n'a de ces objets, qu'un usage dont elle ne peut se prévaloir ; que le mari est obligé de subvenir à son entretien, et qu'enfin cet usage pourrait rentrer dans les donations de peu de valeur tolérées entre époux. «Easdem res non potest mulier sibi quasi donatas defendere ex illis verbis quibus donationes ei a viro legatæ sunt : quum ejusmodi species neque donari, neque auferri videtur. » Pomponius au livre 4 ex variis lectionibus, avait donné cette solution : « Si vir uxoris, aut uxor viri, servis aut vestimentis usus vel usa fuerit, vel in ædibus ejus gratis habitaverit, valet donatio » (18, D. 24, 1).

Si le mari se trouve chargé des risques, il acquiert par contre un droit à la garantie des choses données avec estimation.

La garantie en droit romain porte sur le défaut de la chose, et sur l'éviction que l'on peut éprouver.

Dans la vente, nous trouvons ces deux garanties. En matière de dot, au cas d'estimation, il n'y a, je crois, que la garantie du chef d'éviction, c'est du moins la seule que révèlent les textes, et il me paraît difficile d'appliquer l'édit des Édiles. Le mari, au cas où il a reçu un bien non estimé, n'a droit à aucune garantie, au moins dans le cas d'une simple dation. Dans le cas d'une stipulation ou d'une dictio il a une action pour obtenir l'exécution d'une obligation non exécutée.

Si le bien a été estimé, il a, au contraire, toujours droit à la garantie, et cette garantie lui est assurée par l'action ex empto.

C'est la doctrine de Paul (frag. vat. 105) « Paulus respondit : æstimatis rebus in dotem datis, et manente matrimonio evictis, viro adversus uxorem ex empto competere actionem ; et ideo ejus quantitatis quæ in æstimationem deducta est, sextas retineri posse. »

Et elle est reproduite par les empereurs Sévère et Caracalla (1. C. V. 2). Je ferai observer sur cette loi que : selon l'opinion commune, le mot pollicitatio a été substitué au mot dictio (*Rev. prat.* T. 20, p. 565).

L'estimation entraînant une vente produit des effets quant à l'usucapion. Elle change la causa, le titre de cette usucapion.

Tandis que le mari, s'il reçoit une chose non estimée en dot, l'usucape au titre *pro dote*, si c'est une chose mancipi ou dont le tradens n'était pas propriétaire, et si le mariage a eu lieu : ou au titre *pro suo,* dans le cas où le mariage n'a pas encore été célébré et où la femme a eu l'intention d rendreeel propriétaire, il usucape les choses estimées au titre *pro emptore,* post matrimonium. Il ne peut aucunement les usucaper, ante nuptias, pendente venditione, c'est ce qui ressort du § 111 (frag. vat. ), et est conforme aux principes (2, D. 41, 9) (2, § 2, D 41, 4) Cette distinction a son importance.

Le mari qui a reçu des biens non estimés, au cas où il y a eu tradition pure et simple, les usucape *pro dote*.

Il faudra pour cela que, pendant toute la durée du temps requis pour l'usucapion, la bonne fois chez lui subsiste.

La même condition serait nécessaire dans l'usucapion *pro suo*. C'est du moins, comme l'enseigne Pellat (1), la doctrine de quelques jurisconsultes, en matière d'usucapion pour les objets reçus à titre gratuit.

Au contraire, y a-t-il eu estimation, c'est-à-dire vente : nous devons nous souvenir que dans la vente l'usucapion est soumise à des règles spéciales. La bonne foi doit exister au moment du contrat et au moment de la tradition (4, D. VI, 2) (2, D. pro emtore 41, 4) (48, D. de usucap et usucap 41, 3). Par analogie, nous devrions décider de même, au cas de la dot estimée, les textes ne mentionnant sur ce point aucune différence entre la vente et la venditio dotis causa.

La situation du mari se trouve encore changée au moment de la restitution par suite de la situation qu'entraîne pour lui la venditio dotis causa. A-t-il reçu des biens non estimés ? Il n'est pas tenu, bien entendu, de rendre les fruits qui étaient destinés à subvenir aux charges du mariage ; mais il devrait rendre ceux qu'il aurait perçus, et qui auraient trait à la période antérieure au mariage, ainsi que les accessoires de la

_______________

(1) *De la propriété à Rome*, p. 555, 2ᵉ éd. 1853.

chose (38, §12 D. II. 1) (31, § 4, 25, § 4, D. 24, 3) (7,
D. 23, 3). « Si prædiis inæstimatis aliquid accessit, hoc
ad compendium mulieris pertinet, si aliquid decessit,
mulieris damnum est» (10,§1, D. 23,3), Il devrait rendre
aussi les enfants des esclaves, car l'enfant de l'esclave
n'était point considéré comme un fruit. Le but que se
propose le propriétaire est la base de la distinction
entre ce qui est le fruit, ou ne l'est pas : et Ulpien
donne cette raison (27, D. 5, 3) : « Quia non temere
ancillæ ejus rei causa comparantur, ut pariant. » Le
croît du troupeau était un fruit, selon l'opinion générale : et sauf l'obligation de remplacer par de plus
jeunes, les têtes disparues, il en peut disposer. « Sed
fœtus dotalium pecorum ad maritum pertinent, quia
fructibus computantur, sic tamen ut suppleri pro-
prietatem prius oporteat, et submissis in locum mor-
tuorum capitum ex adgnatis, residuum in fructum
maritus habeat, quia fructus dotis ad eum pertineat. »

Si, au contraire, il y a eu estimation pure et simple,
c'est le prix et non le bien qui devient *loco dotis*, et
c'est lui que le mari doit restituer. Dans ce cas, non
seulement, il garde les fruits ; mais encore les accessoires de la chose acquis depuis le mariage, échappent à l'obligation de la restitution. C'est ce qu'enseigne positivement le rescrit de Dioclétien et de Maximien (10, C. 5,12). « Quis enim dubitet æstimationem
a te mulieri deberi, cum periculo suo res deteriores
fiant, vel augmenta lucro tuo recipiantur. »

Justinien, à la loi unique de rei uxoriæ, ( § 9, code, 5,
13, in fine) a écrit : « æstimatarum enim rerum maritus, quasi emptor, et commodum sentiat, et dispendium subeat, et periculum expectet. »

Un effet de la Venditio dotis causa, que M. Demangeat, dans son savant commentaire *De fundo dotali*,
dit être le plus important, c'est que le prædium æstimatum échappe aux limitations que la loi Julia a apportées au pouvoir du mari.

La loi Julia est une mesure exorbitante à laquelle
les Romains ont eu recours à un moment de décadence morale, comme l'avait très bien fait remarquer
Gide, dans son savant mémoire à l'Académie, sur la
condition des femmes. La législation romaine sur la
dot n'est point une organisation sagement étudiée de
la fortune privée. Les mœurs longtemps avaient suffi
sur ce point, et l'intervention du pouvoir social législatif eût été chose inutile. La loi Julia était une mesure
de salut social exigée par des abus invétérés et une
décadence dont rien ne pouvait entraver la rapidité.

Faite pour un but déterminé, loi d'exception, elle
ne saurait être étendue à d'autres objets que ceux
auxquels elle s'appliquait, et tout ce qui n'est pas *prædium dotale* ne lui est pas soumis.

Nous avons justement signalé comme premier effet
de la venditio dotis causa, le changement du prædium
dotale en une somme d'argent substituée à sa place et
les Romains n'ont jamais assimilé une somme d'argent à un prædium. La loi 6 au code (3, 33) nous
paraît confirmer pleinement cette doctrine, bien
qu'elle présente une certaine difficulté d'interprétation; mais je suivrai sur ce point la doctrine du
savant commentateur, *De fundo dotali*, qui pense
qu'il faut ajouter l'hypothèse suivante : « Savoir que
le mari n'a pas laissé une somme suffisante pour satisfaire au paiement de l'estimation. » Avec cette addi-

tion qu'autorise l'exemple de la loi 5 du code (5,12), nous ne pouvons hésiter à dire que le rescrit des empereurs indique bien, comme une chose qui ne peut être contestée et qui a toujours existé, que la loi Julia ne s'applique qu'aux prædia dotalia.

Lorsque Justinien eut modifié la législation en matière de dot, il conserva la règle que l'estimation valait vente ; mais il porta atteinte à la tradition romaine en décidant qu'à la dissolution du mariage, la femme pourrait revendiquer les objets donnés en dot, alors même qu'ils auraient été estimés (loi 30 au code 5,12). Cette loi soulève une difficulté : c'est celle de savoir si elle empêche réellement le mari d'aliéner le bien pendant le mariage en donnant un droit de suite à la femme, même au cas d'estimation, ou si elle n'a pas pour but de laisser à la femme le moyen d'échapper aux revendications des créanciers du mari, et d'éviter d'entrer en concours avec eux. Je crois que l'on pourrait s'en tenir à cette interprétation par le texte même de la loi 30 qui ne parle nullement d'acquisition faite par autrui ; mais du concours de la femme avec les créanciers du mari à cause de son privilège et de son hypothèque. Les corrections de Justinien sur la loi Julia mises en regard des textes que la découverte postérieure des manuscrits de Gaius nous a révélés, nous prouvent que cet empereur connaissait quelquefois peu les textes qu'il modifiait ainsi, et construisait facilement *a priori* une législation plus ou moins logique.

§ 2

*Effets de l'Æstimatio taxationis causa.*

Les époux, après avoir estimé les biens dotaux, peuvent trouver que la vente qu'elle entraîne, n'est avanta-

geuse ni pour l'un ni pour l'autre. Dans ce cas ils
peuvent y joindre un pacte par lequel ils décident que
les biens eux-mêmes doivent être restitués par le mari.
Ils conservent à ces biens le caractère des biens dotaux, et déterminent seulement la somme qu'au cas de
perte totale, le mari devrait restituer ou établissent sur
une base pour apprécier celle qu'il devait remettre au
cas de perte partielle.

L'effet de l'estimation, c'est la fixation du montant
de la valeur de la chose.

Le bien restant dotal, si c'est un fonds italique, se
trouve soumis à la prohibition d'aliénation de la loi
Julia sans le consentement de la femme, et plus tard
aux règles nouvelles de Justinien.

Une question peut présenter quelques difficultés :
c'est celle de savoir si la femme consentant à l'aliénation à l'époque où le mari peut aliéner avec ce consentement, accepte, ipso facto, de ne recevoir que le
montant de l'estimation.

Voici ce qui peut arriver. La femme a fait une estimation, puis, par le pacte établissant que les choses lui
seraient restituées, elle a consenti à ce que le mari
vendît l'immeuble, par ce consentement a-t-elle fait
disparaître le caractère de taxatio de l'æstimatio ?

Labéon (1. 32 de pacto dotali 23.4) repousse cette
doctrine.

« Uxor viro fundum æstimatum centum in dotem
dederat : deinde cum viro pactum conventum fecerat,
ut, divortio facto, eodem pretio uxori vir fundum resti-
tueret. Postea, volente uxore, vir eum fundum ducen-
torum vendiderat et divortium erat factum. Labeo
putat viro potestatem fieri debere, utrum velit du-

centa, vel fundum reddere, neque ei pactum conventum remitti oportere : idcirco puto hoc Labeonem respondisse, quoniam voluntate mulieris fundus veniit ; alioquin omnimodo fundus erat restituendus. »

La raison qu'on en peut donner, c'est que le consentement de la femme n'est donné que pour se conformer aux exigences de la loi Julia, et qu'il n'est pas visible que la femme ait voulu ôter le caractère dotal donné au fonds par un pacte, en revenant sur ce pacte. Quelle sera en ce cas l'obligation du mari ? est-elle alternative, doit-il ou le fonds ou le prix ? Je crois qu'il faut suivre ici la règle de Pomponius, c'est le prix de la vente que doit le mari (32, D. 23, 3). Il pourrait toutefois se libérer en offrant le fonds au cas où il n'aurait plus la somme.

A ce premier effet de soumettre aux obligations des biens dotaux le fonds estimé, il faut en joindre un plus important, qui, longtemps, n'a pas été mis en lumière. Sans doute, il ne résulte pas d'un texte spécial à la matière. Mais l'analogie du cas est telle, que l'on peut sans erreur en tirer la conclusion suivante. L'estimation du fonds dotal au cas où elle n'équivaut pas à une vente oblige le mari à la custodia, c'est-à-dire le rend responsable de la faute in abstracto.

L'on sait que les Romains distinguaient, non pas la culpa gravis, levior, levissima, comme le disaient autrefois les vieux jurisconsultes ; mais la culpa levis et la culpa gravis : or ici nous trouvons la culpa levis et l'appréciation doit en être faite in abstracto.

L'associé, nous dit la loi 52, § 3. — D. (17. 2), doit la custodia, c'est-à-dire, une garde contre le vol, sauf le vol à main armée.

« Damma, quæ imprudentibus accidunt, hoc est damna fatalia, socii non cogentur præstare ; ideoque, si pecus æstimatum datum sit, et id latrocinio aut incendio perierit, commune damnum est, si nihil dolo aut culpa acciderit ejus qui æstimatum pecus acceperit ; quod si a furibus subreptum sit, quia custodiam præstare debuit, qui æstimatum accepit. Hæc vera sunt, et pro socio erit actio, si modo societatis contrahendæ, causa pascenda data sunt, quamvis æstimata. »

« Les associés ne seront pas responsables des pertes qui arrivent sans qu'on les prévoie, c'est-à-dire des pertes fatales. Par conséquent, si un troupeau a été donné avec estimation et qu'il ait péri par suite d'une attaque de brigands ou d'un incendie, la perte est supportée en commun, quand il n'y a ni dol ni faute de la part de celui qui a reçu le troupeau estimé. Que si le troupeau a été dérobé par des voleurs, la perte est supportée par celui-là seul à qui il a été remis ; car l'ayant reçu avec estimation, il a dû faire bonne garde. Tout cela est vrai, et l'action de la société aura lieu, pourvu que ce soit dans l'intention de contracter une société que ce troupeau ait été livré, bien qu'avec estimation, à quelqu'un qui s'est chargé de le faire paître. »

Le mari est comme un associé, et cette doctrine n'est pas sans fondement : car au cas où les biens non estimés lui ont été remis, il leur doit la même surveillance, et le même soin qu'un associé pour le patrimoine de la société.

A première vue, deux textes mis en regard semblent combattre cette doctrine, ou au moins rendent incertaine la solution.

Labéon décide que le *partus ancillæ* appartient au mari, car les mancipia sont à ses risques.

(66, § 3. — D. 24, 3). « Mancipia in dotem æstimata accepisti, pactum conventum deinde factum est, ut, divortio facto, tantidem æstimator redderes : nec de partu dotalium ancillarum mentio facta est : manebit, inquit Labeo, partus tuus : quia is pro periculo mancipiorum penes te esse deberet. »

(518, D, 23, 3). « Si mancipia in dotem æstimata accepisti, et pactum conventum factum est, ut tantidem æstimata divortio facto redderes, manere partum eorum apud te Labeo ait : quia et mancipia tuo periculo fuerint ».

Le rescrit de Sévère et d'Antonin ( 1, c. V, 18) nous dit au contraire: « Dubium non est, post æstimationem dotis, pactione vel stipulatione interposita, ut si ipsæ res dissoluto matrimonio exstarent uxori reddantur : et ancillas cum partu ex stipulatu judicio restitui oportere. »

Il faut, pour écarter la difficulté que soulèvent ces lois, remarquer que l'espèce prévue est loin d'être la même. Tandis que les lois mancipia se rapportent au mari, le rescrit du code se rapporte à la femme. Les textes du Digeste sont une consultation demandée par le mari, la loi du Code une décision demandée par la femme, sur le pouvoir de la stipulation. Mais ce texte n'infirme pas la responsabilité du mari.

A ces deux effets principaux, nous ajouterons : 1° Qu'à la différence de l'æstimatio (venditio dotis causa) le mari aura l'obligation de rendre les augmenta dotis dans l'année qui suit la dissolution du mariage; c'est ce qui resulte du §9 de la loi unique au code (V, titre 13).

Sed et novissimi anni in quo matrimonium solvitur, fructus, prorata temporis portione utrique parti debere adsignari, commune utriusque actionis est in rebus scilicet non æstimatis. Æstimatarum enim rerum maritus quasi emptor, et commodum sentiat, et dispendium subeat, et periculum expectet :

2° Qu'il ne gagnera que les produits qui sont de véritables fruits, tandis qu'au cas de vente il aura non seulement les fruits, mais tout ce qu'il peut retirer de la chose, ainsi le part de l'esclave ou les arbres, qui ne sont point des fruits.

3° Que le mari, en cas d'éviction, ne peut plus agir ex empto ; mais qu'il peut agir par une action in factum, au cas où la femme a été de mauvaise foi, en ne l'avertissant pas du danger de l'éviction qu'elle connaissait : Car l'on sait qu'entre époux l'action de dol ne pouvait avoir lieu à cause de son caractère infamant.

Si la femme ignorait ce danger d'éviction ou l'hypothèque qui grevait le bien, il n'a contre elle aucune action.

Telles seront les conséquences de cette estimation taxative.

# CHAPITRE II



La règle « *æstimatio venditio est* » est établie en
droit romain par les nombreux textes que nous avons
cités. Comment cette doctrine a-t-elle pu s'imposer à
la jurisprudence romaine ? quelle a été son origine ?
Quel a été sont but ? Quels sont ses avantages ? autant de questions qu'il n'est pas sans intérêt de rechercher. Ce n'est pas sans quelque inquiétude que
j'entre dans ces développements, la question me paraît
être nouvelle encore : un vaste domaine, par suite du
silence des textes, est ouvert aux conjectures. Comme
toute règle ayant une origine coutumière, l'on part
d'un fait pour s'élever peu à peu jusqu'au degré d'un
acte juridique, et il est des périodes obscures et souvent longues, où les actes de la vie s'accomplissent en
silence, avant que l'observation de la science les tra-
duise en une formule précise et les soumette à des
lois.

J'ajouterai à cette pensée qu'il est des anomalies
dans les législations faites à la longue, subissant, et
l'influence des mœurs, et celle des législations voisines. Ces anomalies, jointes à la perte de nombreux

textes rendent difficile de reconstituer l'histoire du passé.

M. Sincholle dans son ouvrage savant sur l'inaliénabilité de la dot, a écrit ces lignes qui révèlent bien le caractère de la législation sur la dot.

« N'avez-vous jamais vu un jeune chêne que le hasard à fait naître à l'ombre des vieux. Il végète et se contourne pour atteindre les rayons du soleil qui sont sa vie. Quand le vieux chêne dont on n'a jamais coupé la moindre branche pour faire place à l'autre tombe de caducité, il est trop tard pour que le jeune fasse un arbre bel et droit. Que de personnes, que de choses, sont ce jeune arbre.

La législation romaine sur la constitution de dot, ombragée par les vieilles coutumes de la famille et les traditions du foyer, n'a jamais donné que des résultats toujours incomplets.

Une idée qui est bien loin de nos mœurs, et que les Romains possédaient à un haut titre, c'est le respect du foyer : le culte de la famille. La famille était une arche sainte, que nul œil profane n'avait le droit de scruter.

La mère de famille vivait honorée au milieu de ses enfants, et le gynécée était un monde inconnu à d'autres qu'aux parents.

Les questions qui touchaient aux intérêts intérieurs échappaient au contrôle des puissances sociales.

Le magistrat n'avait rien à y voir : le conseil des parents était juge, et cette juridiction opérait loin du regard des étrangers. Les décisions quelquefois terribles, puisqu'elles pouvaient donner la mort comme châtiment infligé, restaient dans le secret, comme une chose sacrée.

A notre époque, il est un scandale fréquent de voir quel parti l'on tire de la publicité des débats dans toutes les affaires qui touchent à la vie privée de la famille, à l'honneur de ses membres. De trop récents exemples confirment cette assertion.

Un savant et regretté maître, Gide, l'a fort bien dit dans son mémoire à l'Académie :

« Les anciens Romains considéraient sans doute les devoirs de famille comme d'une nature trop noble, trop délicate, pour les livrer au contrôle indiscret des tribunaux et aux débats d'une procédure publique, le foyer domestique étant pour eux un asile sacré dont aucun agent de l'État ne pouvait forcer le seuil, un sanctuaire impénétrable dont le législateur et le magistrat devaient respecter le mystère. »

Devra-t-on s'étonner si avec des mœurs et une organisation de famille semblable, à l'origine, les tribunaux romains n'aient point été saisis des contestations relatives aux intérêts pécuniaires que le développement d'une famille entraîne forcément avec lui. C'est une assertion que l'on peut émettre sans témérité. La vérité historique est là pour le prouver.

Sanctionné par la protection des dieux Lares, passé à l'ombre du foyer, le mariage est avant tout un *acte sacré*. Les règlements pécuniaires sont des accessoires, ils en sont comme les ornements indispensables. Accessoires à cet acte d'une solennité sans égal, fortifiés par des serments, en présence des parents, la

même protection les couvre (divini et humani juris
communicatio, Modestin)(1, D. 23,2)— Κοινώνιὰ ἀωάντων
χρημχτωντε χχι ἱερῶν (Denys d'Hal. II, 25). Les dieux sont
protecteurs du mariage, des époux et de la dot; et
toucher à ces conventions, y manquer, c'est un sacri-
lège, que les dieux doivent punir.

La femme et ses biens passent sous la juridiction
et le pouvoir du mari, seul maître dans la famille.
L'on a assez pleuré le triste et malheureux sort de la
femme *in manu* et il est temps de cesser cette tradition.

La femme in manu est protégée par la juridiction
de la famille et les mœurs publiques. La manus ne
rend en rien son sort plus malheureux.

Avec ce tribunal de famille, dont l'existence et l'autorité à l'origine sont incontestables, on peut avancer
que la jurisprudence romaine n'a point eu à s'occuper de la dot. Le tribunal de famille réglait cette question, comme celle ayant trait à la personne, et n'avait
d'autre frein que l'opinion publique et l'autorité du
censeur.

Les mœurs à Rome, comme partout ailleurs, se mo-
difièrent, et le jour où elles disparurent, le magistrat
dut intervenir. Mais rappelons-nous, et c'est l'esprit de
la vieille magistrature romaine respectueuse des traditions, jamais il ne le fit qu'avec crainte, timidement,
si je puis m'exprimer ainsi, avec cette inquiétude que
l'innovation ne portât préjudice aux vieilles traditions
nationales romaines.

Toucher à la personne, faire punir la femme à cause
de ses mœurs, non plus par le conseil de famille, mais
par le juge, répugnait à l'esprit romain où la femme
était un objet de respect.

Peu de nations anciennes l'ont élevée à une considération semblable à celle que l'opinion publique avait pour elle ; aussi commença-t-on plutôt par le règlement pécuniaire.

Mais, pour faire tomber cette convention accessoire du contrat sous la juridiction d'un magistrat, il fallait lui donner une forme juridique. C'est ce qu'a fait la législation coutumière.

Si elle eût fait d'un seul coup de la constitution de dot un contrat, muni d'une action, la chose allait d'elle-même. Elle lui eût donné des formes spéciales, des règles particulières, des sanctions d'une nature déterminée.

Nous eussions trouvé une législation construite habilement, avec une science logique : mais ces mœurs législatives que notre esprit approuve, parce qu'il y est habitué, n'ont jamais été connues des Romains.

Poussé par la nécessité, ce qu'a pu faire le magistrat, ç'a été d'assimiler à un contrat déjà existant cette constitution de dot. Nous voyons en effet l'acte de la tradition sanctionné comme moyen, et la stipulation (dictio dotis), ou stipulation proprement dite, ce contrat d'essence romaine, est appliquée avec ses formes à l'acte que l'on appelle la constitution de dot.

Le motif qui empêchait d'ajouter à la liste un contrat nouveau, c'était la manus. Ce pouvoir accessoire du mariage relevant de la juridiction du conseil de famille, empêchait d'élever à la hauteur d'un contrat spécial le règlement pécuniaire, accessoire du mariage. C'eût été commettre un empiètement trop violent de la part du magistrat et l'opinion publique, si puissante à Rome, eût frappé de son mépris un acte de cette nature. Elle eût réprouvé au même titre que l'ingérence dans les question de personne au sein de la famille, l'ingérence dans la question de la fortune.

Le jour où la puissance de la famille disparut, il dut se faire cette sorte de compromis :

Apportez-moi un acte juridique, une dictio, une stipulatio, une traditio, et je jugerai cette stipulatio, cette dictio, cette tradictio comme je juge toutes les stipulations, et les traditions. Ma décision s'y appliquera, elle sera exécutoire, et ma décision réglera cette dot, qui n'est point de ma compétence.

Voilà un premier pas de l'intervention du magistrat dans les affaires de la famille.

La décadence des peuples une fois commencée s'arrête difficilement, surtout lorsque les triomphes excitent à l'orgueil, et les richesses au luxe.

Le divorce est prévu dans la loi des XII tables. Réglé par un texte, souvenir de la législation grecque, il est pendant des siècles chose inconnue à Rome : Les mœurs, les traditions de la famille, les souvenirs religieux résistent à son application.

Sous l'influence de la Grèce, sous l'influence de l'abaissement de la moralité, le divorce apparaît bientôt comme une maladie nouvelle, il fait des ravages rapides, et nous le voyons devenir une coutume journalière.

La femme répudiée perdait tous droits aux biens de la famille, et, comme c'était un déshonneur, elle n'était point recherchée pour un second mariage.

La femme divorcée devait au contraire désirer une nouvelle alliance. Mais pour se bien marier, il fallait apporter une riche dot au mari qu'elle recherchait.

Ce besoin était tellement urgent et s'imposait tellement comme une nécessité, qu'on était arrivé à l'élever à la hauteur d'un principe social (l. 2, D. 23, 3).

« Reipublicæ interest mulieres dotes salvas habere propter quas nubere possunt. »

Mais avant que cette nécessité fût le résultat de la loi, on chercha le moyen d'assurer la conservation de la dot.

La dot est nécessaire pour subvenir aux besoins du mariage (ad onera matrimonii sustinenda).

Mais par le divorce, les charges disparaissent, aussi la femme doit-elle reprendre sa dot :

Le droit civil a sanctionné par la forme de ses contrats la constitution de dot, il sanctionnera par des procédés analogues sa conservation.

Le mari devra donner des cautiones rei uxoriæ. Il est propriétaire des biens, car la manus subsiste, la tradition a été effectuée ; mais il est propriétaire avec charge de conserver. — Il va de soi que le jour où le mariage finit, la dot finit aussi. Constituée par un tiers, la restitution de la dot est stipulée par la femme, elle est comprise dans la convention du mariage que le souvenir des cérémonies sacrées d'autrefois, ou le vieux respect pour des usages anciens rendent obligatoire.

Il faut ici bien rendre compte de la situation du mari.

Le mari reçoit la dot par tradition, sans aucune convention préalable, il est pleinement propriétaire, mais il lui faut donner des cautions rei uxoriæ, et cette situation peut n'être pas sans difficulté.

Ce mode de constitution devait, à Rome, comme de nos jours être le moins fréquent. Le plus souvent, il y avait eu dictio dotis, ou promesse, ou simple pacte dans le dernier état de la jurisprudence.

Si le mari, après cette dictio ou cette promissio dotis a reçu la dot, il peut arriver que cette possession se trouve menacée : soit parce que le tradens n'était pas propriétaire du bien, soit parce qu'une usucapion était en train de s'accomplir, et qu'il n'a pu l'interrompre.

Il peut alors se trouver évincé et par conséquent perdre l'objet qui est donné en dot ; les textes prévoient cette hypothèse. Sans doute, il ne sera pas tenu de le rendre ; mais il perdra le bénéfice de la possession, et les fruits dont il a besoin pour soutenir sa famille.

Si la promesse a été faite, et si la tradition n'a pas été faite, il pourra encore subir un dommage, car par l'actio ex stipulatu, de droit strict, il ne pourra obtenir que la dot stipulée et devra perdre les fruits ou les accroissements pour la période antérieure. La position est donc dans un certain cas désavantageuse.

Ce sont des principes connus que l'acte à titre gratuit n'emporte avec lui pour l'auteur du don aucune obligation d'en assurer l'exécution.

La dot, à l'origine, a été un acte à titre gratuit à Rome. Ce point ne paraît pas contestable, et ce caractère lui est resté ; aussi, la garantie, ce cortège nécessaire des actes à titre onéreux, lui fait défaut et le mari, évincé dans cet acte à titre gratuit, se trouve sans recours contre le constituant.

Ainsi, d'une part, la femme est exposée à perdre

totalement ou partiellement sa dot, si l'objet vient à périr, et d'autre part, le mari peut avoir à subir sans recours une éviction : cette situation a dû préoccuper le Préteur.

C'était la confiance qui présidait aux actes à l'époque où la moralité existait à Rome, car ceci est un point que l'on oublie aujourd'hui trop facilement. Les législations antiques ne mettaient jamais en doute l'autorité du père de famille, sa bonne administration, sa capacité. L'opinion publique était présumée un frein assez puissant pour le maintenir dans l'accomplissement du devoir, et tandis qu'aujourd'hui, l'on tend de plus en plus à voir en lui, sinon un être malfaisant, du moins un être incapable ; à Rome, on avait, au contraire, toute confiance dans sa prudence et sa sagesse.

Le jour où la moralité eut baissé, où l'opinion publique et l'autorité du censeur ne furent plus suffisantes, l'on commença à permettre de prendre des précautions pour garantir le mari, et pour protéger la dot de la femme. On chercha à créer un lien plus fort, et l'on voulut faire de la constitution de dot, un contrat à titre onéreux, contrat plus protecteur par suite des doubles obligations qu'il renfermait.

Le vieux souvenir de la puissance maritale existait toujours. La manus qu'Ulpien nous montre en vigueur de son temps, et qui cependant devait être bien différente de la manus des temps primitifs, la manus était un obstacle aux innovations.

Il répugnait au Préteur de mettre un contrat onéreux, entre le mari et la femme. C'était créer une situation que les mœurs ne comprenaient pas, c'était par une question pécuniaire diviser la famille, détruire cette individuam vitæ consuetudinem dont parle Justinien (Inst. tit. IX. — 1. D. 23. 3) : « Nuptiæ sunt conjunctio mariti et feminæ et consortium omnis vitæ, divini et humani juris communicatio.

La moralité sous l'influence du luxe, la notion de la famille et de la position de la femme sous l'influence des idées grecques, disparaissant, le luxe, ce dissolvant énergique de la famille, s'accentuant de plus en plus, la fidélité conjugale devenant chose rare sous la multitude des divorces, il fallut arriver peu à peu à faire de ces deux êtres si intimement unis, deux associés, pour un temps plus ou moins long, opération commerciale, sous une forme spéciale.

Il y avait à Rome une opération fréquente issue de la coutume, élevée, à cause de sa nécessité et de sa fréquence, à la hauteur d'un acte juridique, c'était la vente, c'est-à-dire la promesse d'aliénation d'un objet contre paiement d'un prix.

Le procédé était simple : pour vendre il fallait estimer, et de là à décider que l'estimation était un fait qui avec lui entraîne la vente, il n'y avait qu'un pas.

Avec cette répugnance que le Préteur éprouvait de faire un contrat onéreux, de mettre ces rapports entre le mari et la femme, il fit les choses incomplètement, et c'est là que nous pouvons expliquer les bizarreries que nous avons rencontrées.

La femme avait les cautions rei uxoriæ comme garant de la conservation du retour de son bien, le mari seul fut pourvu de l'action du contrat ex empto, pour être protégé contre l'éviction. Elle lui resta lorsque les cautiones furent remplacées par l'actio rei uxoriæ donnée à la femme.

Le mari et la femme, c'étaient deux êtres unis par un lien qui ne devait pas se briser, deux associés ; voilà pourquoi le Préteur, forcé de les assimiler à des acheteurs et à des vendeurs, y a mis ces restrictions que les textes nous ont révélées, et qui découlent de ce que le mari ni la femme ne doivent pas gagner l'un sur l'autre.

Le respect des traditions de la famille, la manus, ce pouvoir sur les biens, qui empêche de faire des deux époux deux êtres divisés, quant à leurs intérêts, et d'autre part le désir d'arriver à élever la constitution de dot au rang d'un contrat à titre onéreux, telles sont les doubles entraves qui obligent les Préteurs à ne donner le jour qu'à une législation dont les formules annoncent des conséquences qu'elles ne comportent pas ou subissent des restrictions qui étonnent.

A quelle époque faut-il placer ce développement de la règle : « Æstimatio facit venditionem. » Les textes ne nous révèlent aucune date, et l'on comprend que nous soyons sur ce point d'une grande réserve.

Il y a cependant certaines présomptions qui feraient croire que cette règle fut introduite dans la dernière période de la république romaine.

Le divorce de Spurius Carvilius Ruga, nous est montré par les historiens comme l'origine du divorce. Or, ce divorce est de l'an 520, selon Aulu-Gelle (*noct. Att.*).

La doctrine appuyée par les textes donne à cette période les cautiones rei uxoriæ, et Boëce nous indique la promesse du mari de restituer était faite en termes fort larges.

Cette stipulation qui était soumise au juge érigé en censeur devint inutile, et le seul fait du divorce entraîna une obligation de restituer. L'action rei uxoriæ fut inventée pour sanctionner les règles précises de cette institution.

Sous la loi Julia, il est certain que la distinction entre les biens estimés et les biens non estimés existait. Labéon, qui florissait sous Auguste, en parle et tranche sur ce point.

C'est donc à la période qui s'écoule entre la troisième guerre punique, et la bataille d'Actium, que l'on pourrait placer notre règle. Si l'on se demande pourquoi une date antérieure ne pourrait être indiquée, il faut considérer que la dot, propriété du mari ne devant pas être soumise à restitution, il n'y a rien qui amène la nécessité de ce fait de l'estimation.

La garantie donnée au mari n'a sa raison d'être que le jour où il doit restituer, et ce serait trop contraire aux mœurs romaines que de croire qu'il en fût autrement, avant cette époque.

Ainsi donc, s'il est invraisemblable que le divorce ait sévi comme une maladie soudaine, rompant avec le passé, comme un fleuve brise sa digue un jour de grande crue, ce sera entre la période qui suivit la guerre de Carthage et les rapports fréquents avec la Grèce, par suite de la conquête, que notre règle prit son origine première, et ce ne serait peut-être pas une conjecture sans fondement que d'ajouter qu'elle n'était pas sans prudence aux jours de luttes intestines où la vie coûtait peu, et où le constituant d'une dot en bien des cas pouvait n'être pas celui qui la remettait au mari.

Si nous lisons la loi (10, **D.** 23, 3) nous voyons l'estimation présentée par le jurisconsulte comme une opération nuisible à l'homme et dont tout le bénéfice se trouve pour la femme. Il faut remarquer qu'une telle doctrine serait une erreur, si on l'appliquait à toutes constitutions de dot. Pour les meubles, pour les esclaves, pour les choses qui dépérissent facilement, la solution est vraie, pour les immeubles il faut distinguer.

Avant la loi Julia qui interdisait au mari d'aliéner, ce dernier avait un intérêt peut-être moins considérable. Le bénéfice de la garantie évidemment était peu de chose, et l'idée de conserver une dot à la femme était peut-être la çause dominante de l'estimation au jour de la constitution de la dot.

Il faut que la dot de la femme soit assurée : cette restitution de la dot est une nécessité d'ordre public et la vente rendant le mari débiteur du prix rend plus certaine sa restitution, sauf le cas d'insolvabilité.

Plus tard, sous Auguste, la loi Julia interdit au mari d'aliéner sans le consentement de sa femme.

Le pouvoir du mari sur l'immeuble dotal était restreint et la venditio dotis causa lui rendait toute sa liberté, sous la condition de payer un prix fixe, il pouvait disposer de l'immeuble sans rendre compte. C'était un avantage pour lui.

A partir de Justinien, on peut se demander quel serait l'intérêt de l'estimation pour le mari. L'on sait que cet empereur a modifié la loi Julia en interdisant au mari d'aliéner, même avec le consentement de sa femme, l'immeuble dotal. Mais il paraît certain d'autre part qu'il a conservé les distinctions entre les biens estimés, et les biens non estimés, comme le prouve la loi unique au code, et qu'il lui a conservé le caractère de vente, que l'ancien droit lui avait reconnu.

Le mari peut donc aliéner ce bien comme il aurait pu le faire précédemment. Quant à l'hypothèque qui paraît n'avoir pas existé à l'époque de la loi Julia, mais qui lui est postérieure, Justinien, dans la loi 30 au code De jure dotium, la maintient à la femme et l'élève au rang d'une hypothèque privilégiée sur tous les biens acquis *dotis causa*. Il n'est point nécessaire que le bien soit donc véritablement dotal, il suffit qu'il ait été donné comme cause de dot.

Justinien en tire cette conséquence que le privilège s'applique au bien de toute nature estimé ou non estimé, car tous ont été donnés à cause de dot.

S'il y a eu estimation, c'est la somme qui est dotale aux lieu et place du bien estimé, et cependant le bien restera grevé de l'hypothèque privilégiée.

Il y a trois mots qui dans la loi 30 embarrassent les commentateurs, ce sont les mots : *Si tamen exstant*.

Il me paraît que Justinien entend ici les biens qui sont restés dans le patrimoine du mari. L'interpréter ainsi, ne serait-ce pas priver la femme d'un droit de suite, et rendre sa situation inférieure à celle d'autres créanciers hypothécaires ? Cette objection a été présentée, elle ne me paraît pas décisive. Pourquoi vouloir que Justinien, créant cette hypothèque privilégiée, ait donné à la femme ce droit de suite, et non un simple droit de préférence, sur les créanciers hypothécaires du mari.

Dire que la femme pourra exercer ce droit contre

ceux qui auront acquis du mari un bien estimé, ce serait, il me semble, tirer de la loi plus qu'il n'y est écrit. Ce que Justinien règle, c'est le concours de la femme entre les créanciers du mari, sur les biens *exstantes*. Il veut que sur les biens apportés dotis nomine, elle passe avant les créanciers hypothécaires du mari, dans tous les cas où ces créanciers retrouvent le bien dans le patrimoine.

Mais si l'aliénation a eu lieu régulièrement, le tiers acquéreur est devenu véritablement propriétaire, et ne se trouve exposé à aucune revendication ; c'est ce que le paragraphe 15 de la loi unique dit positivement :

In fundo autem non æstimato....

Lorsque les biens estimés se trouvent dans le patrimoine du mari, on peut donc se demander si Justinien n'a point autorisé la femme à les recouvrer *in specie*, et c'est là, selon moi, la seule question que l'on puisse soulever sur le texte, sans se jeter dans des conjectures : la variété de doctrine des anciens parlements en est la preuve. Si l'on voulait interpréter les constitutions de Justinien pour les textes anciens, il faudrait répondre négativement, et la revendication indiquée par cet empereur ne pourrait s'expliquer ; mais, à bien considérer le texte, il ressort que Justinien ne savait trop au juste la nature du droit de la femme.

Dans la première partie il dit : « Cum eædem res et ab initio uxoris fuerint et naturaliter in ejus permanserint dominio. » Et un peu plus loin, il invoque la subtilitas legum qui a paru faire passer ces biens dans le patrimoine du mari, et il n'y a rien de surprenant que, dans cette incertitude, il ait donné à la femme cette revendication pour lui rendre les objets *ex-stantes*.

La vérité historique est là pour prouver que le dominium du mari n'était point une subtilitas legum ; mais bien le fait ancien et naturel que la législation avait sanctionné.

Par suite de cette erreur, le texte est, au fond, en contradiction avec l'histoire du régime des biens apportés en dot dans le droit romain. Il ne peut aucunement servir à éclairer le passé, et n'a rendu que plus confuse la législation de l'époque justinienne. L'invention de l'hypothèque légale privilégiée qui n'appartenait point aux coutumes romaines, mais était une imitation du droit grec, a été appliquée d'une façon peu logique.

Une constitution d'Anastase avait permis à la femme de renoncer à son hypothèque sur les biens du mari, et sur les biens apportés avec estimation. Justinien lui maintient ce droit (loi unique, § 15), qu'il s'agisse de meubles ou d'immeubles. La loi d'Anastase devait également être étendue aux meubles et aux immeubles.

Pour revenir à la question posée, nous dirons donc que l'estimation, sous la législation de Justinien, a encore cet avantage de permettre à la femme la renonciation à son hypothèque privilégiée sur les biens apportés en dot avec estimation, et que, quant à la revendication que la loi de Justinien accorde, elle ne peut s'appliquer au cas où il s'agit de biens non estimés qui ne se trouvent plus dans le patrimoine du mari. Toutefois, si ils y étaient encore, ou s'ils y étaient réintégrés, je crois que la femme pourrait, en vertu de la constitution de Justinien, les recouvrer *in specie*. On a bien invoqué contre cette doctrine le passé. On a dit que la femme serait mieux traitée que le vendeur, ayant inséré une lex commissoria dans sa vente, et que Justinien n'avait pu aller aussi loin. Ce raisonnement me paraît ne pas satisfaire complètement l'esprit, en ce qu'il suppose à Justinien des idées générales de doctrine que cet empereur paraît n'avoir jamais eues, l'on peut en juger par les anomalies de sa jurisprudence, puis par l'incertitude de ses théories sur certains points.

La loi 30, le tourment des commentateurs, nous en fournit à elle seule un exemple dans la matière même, et il me paraît plus prudent de l'interpréter par son texte comme une mesure nouvelle, sans lien sérieux avec le passé ; c'est le moyen de ne pas se jeter dans des conjectures auxquelles son auteur n'a peut-être jamais pensé.

# CHAPITRE III

## DE L'ESTIMATION DE LA DOT DANS LE DROIT MODERNE.

La législation romaine a laissé de telles traces dans les droits postérieurs, et notamment dans notre législation, qu'il n'est pas sans intérêt de rechercher ce qui a pu devenir l'acte de l'estimation de la dot, et de voir l'effet si prodigieux qui lui était donné d'enlever le caractère de dotalité au bien estimé, et de soumettre, sauf quelques modifications les parties aux obligations de la vente.

Dans l'empire d'Orient, des textes tronqués de la jurisprudence justinienne servent de guide, et l'estimation de la dot, est conservée. En Occident, dans quelques rares endroits, la doctrine romaine a subsisté; mais là où les barbares ont établi leurs coutumes, nous la voyons disparaître.

La distinction entre les pays de droit écrit, et les pays coutumiers est fondamentale dans cette question.

### SECTION I<sup>re</sup>

**De l'estimation de la dot dans les pays coutumiers.**

L'estimation de la dot au pays de coutume était de nulle valeur.

Bourjon, en son traité sur le droit commun de la France, dit positivement : « L'estimation de l'immeuble constitué en dot à la femme n'en rend pas le mari propriétaire, parmi nous, ni même indistinctement en pays de droit écrit, telle estimation n'empêchant pas que l'immeuble ne soit propre à la femme, et le mari ne pouvant disposer du propre de la femme que dans le cas de l'ameublissement. »

Tel est le principe du droit coutumier.

Un discours célèbre à la grande Chambre du Parlement, résume admirablement la doctrine sur ce point. — Le 28 mai 1718, fut rendu un arrêt sur les débats pendants, depuis 1614, entre la princesse de Conty contre la princesse douairière de Condé, relativement à l'estimation de diamants.

Le 28 mai 1716, l'avocat général Guillaume-François Joly de Fleury, répondait à la doctrine qui invoquait la règle, « æstimatio facit venditionem » :

1° Qu'en pays de coutume la règle était différente ;

2° Que le droit écrit avait si peu de force parmi nous, que ce principe du droit romain pour la propriété transférée au mari, sive æstimata, sive inæstimata, n'a pas lieu dans notre droit, et que les défenseurs des parties en convenaient ;

3° Que cette estimation faisait présumer la vente dans le droit romain, que c'était dans cette idée que se faisait l'estimation et que, néanmoins, on ne présumait point la vente, lorsque les circonstances faisaient connaître qu'il n'y en avait pas ; mais que parmi nous l'estimation avait un autre objet : c'était pour la reprise, en cas d'aliénation : pour la stipulation de propres : pour les effets mobiliers dont le dommage tombe sur le mari, et c'est une des différences du droit français d'avec le droit romain ;

4° Que la femme demeure propriétaire des immeubles, et que s'ils sont aliénés, elle en répète le prix ;

5° Qu'à l'égard des meubles, si ce sont des choses « quæ usu consumuntur », comme on ne peut douter que ce ne soit pour l'usage qu'ils aient été constitués en dot, le mari en devient propriétaire, et est tenu d'en restituer de la même valeur, ou quantité ou prix.

6° « Que si ce sont des meubles, qui dépérissent par l'usage » comme les dépérissements sont toujours sur le mari, il ne peut les rendre en nature, car il ne rendrait pas les mêmes, donc on ne peut forcer la femme à les reprendre. Mais que si ce sont des meubles ou effets mobiliers qui aient une valeur intrinsèque, que l'usage ne diminue pas, tels que des diamants, tableaux, etc., la propriété restant à la femme, et n'y ayant aucun obstacle à les lui rendre, on peut la forcer de les reprendre ou de les imputer sur sa dot.

Roussilhe, dans son traité de la dot ajoute : que le mari peut rendre le contrat de vente ou les effets, malgré l'estimation faite, sauf au cas où le mari pour faire plaisir au beau-père et si la femme n'y consentait pas, s'est contenté des effets lorsque la dot était réglée en argent.

## SECTION II

### De l'estimation du fonds dotal en pays de droit écrit.

La maxime « Æstimatio facit venditionem » se retrouve dans ces pays, et les lois du code de Justinien sont les règles de cette matière. Les meubles comme les immeubles y sont soumis.

Pour les immeubles, Cattelan, dans ses arrêts du Parlement de Toulouse, soutient que la vente est parfaite, et refuse à la femme d'invoquer la loi 30 *in rebus* au code *De jure dotium*. La femme doit toujours recevoir le prix, c'est ce qui fut jugé dans la première chambre des enquêtes au rapport de M. Videlli d'Azas.

La jurisprudence des Parlements était loin d'entendre de la même façon les règles ténébreuses de Justinien, et la fameuse règle Æstimatio facit venditionem y subissait beaucoup d'échecs. Un motif qui rendait la solution plus difficile encore, c'était l'établissement des droits du fisc et la recherche que les magistrats étaient obligés de faire de l'intention des parties, comme aussi des traditions locales.

Dans un arrêt du 30 juin 1611, sur appellation du Vibailly de Vienne, il est dit : « qu'il y a lieu de rechercher l'intention ; que cette estimation était faite par la femme pour prendre pied de son augment, qui, selon la coutume, lui était baillée de 500 livres. »

Les auteurs anciens contiennent nombre de ces difficultés dont la source véritable était les exigences du fisc, qui imposaient aux parties l'obligation de torturer les formules des contrats et d'obscurcir leurs intentions pour éviter des droits onéreux.


## SECTION III

### De l'Estimation des biens dotaux sous le code civil.

Passant à l'étude de la loi moderne, nous trouvons des règles nouvelles.

Berlier le rapporteur de la loi sur le contrat de mariage (séance du 10 pluviôse an II) dans l'exposé des motifs donne les raisons des innovations faites par la législature de 1810. « On tarit ici une grande source de procès. La maxime du droit romain était que l'estimation du bien constituée en dot opère vente, et que le mari est débiteur du prix de l'estimation.

» Mais les Romains n'avaient pas les droits d'enregistrement qui les obligeassent à des estimations. Chez eux, elles étaient libres, chez nous, elles sont forcées. De là, il arrivait que l'on disputait souvent dans le pays de droit écrit sur l'intention dans laquelle l'estimation avait été faite. Avait-elle pour but la perception des droits fiscaux ? Elle ne devait pas investir le mari, et le rendre acheteur. — Quelquefois aussi, l'estimation pouvait être faite dans la vue d'exprimer comment la dot était payée ; par exemple, un père constituait 100,000 fr. à sa fille, savoir : un immeuble évalué 80,000 fr. et 20,000 fr. comptant. L'immeuble était-il dotal ? ou le mari en était-il acheteur ? Il fallait discuter et deviner quelle avait été l'intention des parties : ces controverses n'auront plus lieu. »

Cette idée, Berlier l'avait déjà exprimée lorsqu'il disait : « une disposition du droit romain, diversement étendue, et plus diversement appliquée enfantait une foule d'hésitations et de débats.» Deux lois du Digeste et du code décident que, lorsque la dot composée de meubles ou d'immeubles est estimée avant le mariage, elle est propre au mari, qui devient débiteur seulement du prix des choses estimées, parce que, dans ce cas, l'estimation est une véritable vente. « Quia æstimatio venditio est. » La conséquence était : que la perte ou la détérioration des choses estimées retombait sur le mari, comme il profitait aussi des accroissements et des améliorations. Et la conséquence, toujours si sensible à l'intérêt de l'un ou l'autre époux, tendait toujours à troubler le principe. On lui opposait sans cesse l'intention contraire, plus ou moins manifestée par les autres conventions du contrat, que la rédaction quelquefois obscurcissait encore. On sent combien ces questions soumettaient le contrat à des interprétations variées, et le principe lui-même à l'incertitude des conséquences. Aussi, pour couper court aux difficultés, le législateur a posé deux règles : la première, c'est que l'estimation des immeubles ne vaut jamais vente, sauf convention formelle (art. 1552). L'estimation donnée à l'immeuble constitué en dot n'en transporte point la propriété au mari, s'il n'y a une déclaration expresse.

La seconde, c'est que, au cas de dot mobilière, l'estimation vaut vente. C'est une présomption de la loi, que peut faire disparaître une déclaration expresse (art. 1564).

Art. 1551. Si la dot ou partie de la dot consiste en objets mobiliers, mis à prix par le contrat sans déclaration que l'estimation n'en fait pas vente, le mari en devient propriétaire, et le mari n'est débiteur que du prix donné au mobilier.

Ainsi donc l'estimation entraîne vente ipso facto.

La distinction entre les meubles et les immeubles est toute nouvelle dans notre code. Elle a paru sage au législateur qui tenait pour peu de chose la fortune mobilière, mais peut-être aujourd'hui pourrait trouver quelque intérêt à faire disparaître cette formule générale. Le législateur du code civil, en l'établissant dans ces termes, me paraît avoir quelque peu cédé aux sollicitations du droit coutumier qui voyait cette règle avec défaveur. L'on sait l'hésitation que devait éprouver, pour être admis dans notre code, le régime dotal.

Nous trouvant en présence d'une législation nouvelle, il faut se demander comment l'interpréter. Quelques auteurs (Lebrun, p. 208, n° 35 ; Dumoulin, sur Paris 1991) enseignent que cette règle, bien que modifiée, venant de l'ancienne législation des pays de droit écrit, doit être interprétée à l'aide des anciennes règles interprétatives ; mais cette doctrine qui n'aurait d'autre conséquence que de soulever des difficultés nouvelles, doit être repoussée. Le code en réglant cette matière sur de nouvelles bases a dû la régler uniquement d'après les règles interprétatives qu'il établissait. Certains points du reste sont tranchés par les textes ; ainsi, dans le Parlement de Toulouse, il était admis que l'on pouvait faire l'estimation après la célébration du mariage. L'article 1395 défendant les ventes entre les époux, serait aujourd'hui contrefaire à une interprétation de cette nature. Mais pour les autres cas, où un article ne tranche pas la question, il faut maintenir la règle interprétative énoncée et l'on ne saurait décider que, si le mari avait été insolvable au jour du contrat de mariage, l'estimation ne pouvait valoir vente puisqu'il ne pouvait se charger d'un prix qu'il ne pouvait payer.

L'estimation est indiquée sous le régime dotal ;

mais elle pourrait aussi se produire sous le régime de la communauté, article 1532.

A la différence du droit romain, l'estimation qui n'a plus pour effet d'emporter la garantie pour le mari, a au contraire pour effet de lui transférer la propriété des biens apportés en dot, propriété qu'il n'a pas en droit français.

Sur le texte de l'article 1551, on s'est demandé s'il ne fallait pas y comprendre les choses fongibles. A cause des termes généraux de l'article, je n'hésite pas à repousser cette doctrine. Et de plus un mari qui aurait reçu des choses fongibles ne serait point à mon avis reçu à restituer une estimation au lieu et place d'objets de même nature et qualité.

On s'est demandé ce que le mari devait restituer dans le cas où la femme lui a apporté un fonds de com- merce. Des distinctions nombreuses ont été faites ; on a séparé les marchandises et le fonds de commerce en lui-même, c'est-à-dire la clientèle, le nom ou l'en- seigne. Je crois qu'il faut dire que l'estimation du fonds de commerce entraînera une vente et que si l'on a estimé en même temps les marchandises qui y sont contenues, l'estimation de ces marchandises ne sera autre chose qu'une appréciation pour le cas où il serait impossible au mari de les remplacer par des marchandises de même nature ou qua- lité.

Si les titres de créance ou de vente avaient été esti- més, l'article 1551 pourrait s'appliquer, mais il fau- drait dire que la simple indication du montant de la créance ne suffirait pas pour opérer la vente. M. Seriz- sat fait une distinction dans le cas d'un bloc de créance difficile à recouvrer. Elle me paraît plus spécieuse que véritable.

Des questions plus graves se sont élevées relativement à la portée de l'estimation d'une œuvre littéraire ou d'une pièce de théâtre. On s'est demandé si la vente emportait pour le mari le droit d'en tirer tout profit par publication ou représentation ; je crois qu'il faut aller jusque-là et que cette doctrine ne pourrait être repoussée. L'estimation entraîne, en droit français, une véritable vente et les droits de l'acheteur sont complets.

Nous avons étudié l'hypothèse de la lésion en matière d'estimation. Dans le droit français, il faut se demander si cette lésion existe encore où si elle a disparu complètement. D'anciens auteurs s'inspirant des doctrines du droit romain ont accordé cette restitution pour le cas de lésion. MM. Duranton (15) 424 et Tessier appliquent la doctrine française de la rescision en matière de vente, c'est-à-dire au cas où il s'agit d'immeubles, article 1674.

En dehors de ce cas, c'est-à-dire dans l'hypothèse de l'article 1551, il n'y a jamais rescision. MM. Rodière et Pont en matière d'immeubles essayent d'établir que l'hypothèse est loin d'être la même, et qu'il ne faut pas étendre à la constitution de dot la même décision, les situations étant différentes.

Cette doctrine, plus séduisante peut-être, me paraît illogique. Les raisons qui empêchaient la doctrine romaine d'être logique, n'existent plus, et, par conséquent, il n'y a plus de motif d'invoquer ses précédents.

Nous avons vu que l'estimation n'emportant pas vente avait des conséquences juridiques à Rome.

En cas de meubles, le droit civil reconnaît aux époux le droit de modifier, par une convention, cette règle que l'estimation vaut vente. Quel sera donc l'effet de cette convention ? sera-ce une décision qui emportera la fixation d'un prix invariable, une présomption juris et de jure, c'est-à-dire qui ne peut être détruite par la preuve contraire, ou bien est-ce seulement une indication qui peut être modifiée par des preuves postérieures ?

Je crois qu'il ne faut pas lui donner d'autre portée que de servir de base à une évaluation.

En résumé, la maxime que l'estimation vaut vente ne s'applique en droit français que dans l'hypothèse de la dot mobilière.

Son but essentiel, c'est de transférer au mari la propriété des biens donnés en dot, intérêt qui n'existait pas en droit romain, et les différences notables avec le droit romain sont : 1° qu'il n'y a pas lieu à rescision pour lésion à aucun chef ; 2° qu'elle entraîne pour la femme le privilège au vendeur d'objets mobiliers (art. 2102), car la femme ici est véritablement venderesse ; c'est un vrai contrat de vente qu'elle opère dans le vrai sens du mot, comme la constitution de dot est vraiment un contrat, et les motifs qui, en droit romain, eussent pu faire décider autrement, la tradition du passé, n'existent pas.

L'estimation qui ne fait pas vente a aussi cette différence, qu'elle n'emporte aucune conséquence en droit français, quant à la responsabilité du mari.

Nous n'avons rien à dire de l'estimation des immeubles. Pour qu'elle entraîne vente, il faut une convention formellement exprimée et alors on applique les principes de la vente. Si elle n'est pas exprimée, c'est une base d'évaluation pour les droits d'enregistrement, et l'indemnité due par le mari, si dans le règlement postérieur des intérêts de la famille, il y avait à tenir compte de pertes partielles survenues : mais tout ceci est du domaine des conventions.

# TABLE DES MATIÈRES


|  | Pages |
|---|---|
| INTRODUCTION | 1 |
| CHAPITRE Ier. — De l'estimation de la Dot | 7 |
| SECTION 1re. — De la venditio dotis causa | 11 |
| SECTION 2e. — De l'estimation taxationis causa | 25 |
| SECTION 3e. — Des effets de l'estimation | 30 |
| § 1. — Effets de la venditio dotis causa | 30 |
| § 2. — Effets de l'estimation taxationis causa | 39 |
| CHAPITRE II. — Étude historique sur la règle estimation vaut vente. — Origine | 45 |
| But — Avantages | 57 |
| CHAPITRE III. — La règle estimation vaut vente dans le droit postérieur au droit Romain | 62 |
| SECTION 1re. — Pays de droit écrit | 62 |
| SECTION 2e — Pays de coutume | 64 |
| SECTION 3e — Droit civil | 65 |

# DROIT FRANÇAIS

DE LA

# CLOTURE DES HÉRITAGES

---

## INTRODUCTION

—

## DU DROIT DE SE CLORE

Le code rural a été souvent l'objet de la pensée du législateur (1), mais soit que les révolutions aient entravé son œuvre, soit que la codification des règles si variées qui régissent une superficie territoriale aussi étendue que celle de la France, lui ait paru une œuvre

---

(1) En 1802, Chaptal, ministre de l'Intérieur, adresse un questionnaire aux Préfets.

Le 6 avril 1806 ; le projet contenant 280 articles est soumis à l'Empereur.

Le 19 mai 1806, un décret de Bayonne nomme une commission consultative près chaque cour impériale.

En 1818, une commission nouvelle est nommée. Elle donne la loi de 1828 (20 mai) sur les vices redhibitoires.

En 1854, une nouvelle commission est nommée et présentée ; — le 3 avril 1856, un projet sur le régime du sol ; — le 4 juin 1857, sur le régime des eaux ; — le 3 mai 1858, sur la police rurale.

En 1876, une nouvelle commission fut instituée, et, le 13 juillet 1876, déposa au sénat un projet de loi sur le code rural.

*Officiel*, 13 juillet 1876, sénat. Annex. 106, ann. 1876, page 7798-7827. — 7856.

si délicate, que la patience humaine n'en saurait triompher, le législateur français a toujours reculé devant ce travail : Depuis 1791, des lois nombreuses ont cependant attiré son attention sur l'insuffisance de la législation à cet égard. Plus audacieux, le législateur de 1881 (1), a abordé cette question sans toutefois la consacrer par des décisions définitives.

La loi du 20 août 1881, loi ayant pour objet le titre complémentaire du livre premier du code rural, a modifié l'ancienne législation de 1804 sur la mitoyenneté des clôtures.

La question de la clôture se rattache intimement à la question du droit de propriété. Le mot de propriété explique la pleine puissance sur une chose, c'est le droit d'en jouir, c'est le droit d'exclure les autres hommes de cette jouissance, et c'est le droit d'en disposer comme bon semble. C'est, le jus utendi, abutendi, des textes romains, droit qui n'a d'autres limites que l'obligation de ne pas causer de dommages à autrui. Le droit de propriété ainsi entendu est de droit naturel, préexistant au droit civil, et le pouvoir civil ne peut porter atteinte à cette liberté naturelle de jouir de son bien que pour empêcher le préjudice grave vis-à-vis des autres citoyens soumis au même droit.

Le droit d'exclure les autres de la jouissance de son bien emporte logiquement avec lui le droit d'entourer sa propriété d'un obstacle quelconque, indiquant à autrui cette volonté de soustraire son bien à

____

(1) (*Officiel,* 1873, p. 3323, 3587).

Proposition de M. Labiche, pour la rédaction du code rural. P. 4189, prise en considération. P. 4324, rapport de M. Bombeau. — P. 3197, Proposition de M. de Ladoucette, p. 2652. — 3960. — 4672. — 4818. — Prise en considération et discussion.

des usages que les relations du voisinage, comportent avec elles, ou que le principe de la charité peut également dans quelques circonstances rendre admissibles. Ce droit est celui que l'on appelle le droit de clôture.

Le droit ou, pour mieux dire, la faculté de se clore peut rencontrer des obstacles. L'intérêt public peut quelquefois obliger à n'exercer cette faculté que dans certaines limites, et avec certaines restrictions. Là encore, il faut poser ce principe qu'une indemnité doit toujours être la conséquence de cette atteinte portée à la pleine propriété.

Le principe de l'indemnité, il est vrai, a eu de la peine à triompher. Mais depuis l'ordonnance du 16 mars 1823, et le décret de 1853 (10 août, 23 septembre) elle est de jurisprudence constante au conseil d'État (l. 10 j. 1791. — Ord. de 1821. — Décret du 10 août 1853).

Ce droit est formel pour les constructions, clôtures, détruites par l'établissement de servitudes militaires, à condition de justifier qu'elles sont antérieures.

C'est ce qu'établit un arrêt de la cour de cassation du 27 décembre 1869 (S. 1870, 1,217).

« Attendu que de la combinaison des dispositions des lois des 8-10 juillet 1791, 17 juillet 1819, 10 juillet 1851 et du 10 août 1853, il résulte qu'aucune indemnité n'est due aux propriétaires des terrains qui, par suite de la construction d'ouvrages de guerre, se trouvent grevés de servitudes militaires, à raison de la dépréciation qui en dérive pour leurs terrains, hors des cas de dépossession, démolition, occupation ou inondation, prévus par lesdites lois ; d'où suit qu'en confirmant à cet égard la décision des premiers juges, l'arrêt n'a fait qu'une juste appréciation des lois précitées ; par ces motifs, rejette. »

Ces principes sont ceux dont le code civil s'est inspiré, il suffit pour s'en rendre compte de lire avec soin le beau discours de Portalis, lorsqu'il fit l'exposé des motifs de la loi sur la propriété.

« L'empire, qui est le partage des souverains, ne renferme aucune idée de domaine proprement dit. Il ne donne à l'État sur les biens des citoyens que le droit de régler l'usage de ces biens par les lois civiles, le pouvoir de disposer de ces biens pour des objets d'utilité publique, la faculté de lever des impôts sur ces mêmes biens.

» On a toujours tenu pour maxime, que les domaines des particuliers sont des propriétés sacrées, qui doivent être respectées par le souverain.

» D'après cette maxime, nous avons établi dans le projet de loi, que nul ne peut être contraint de céder sa propriété, si ce n'est pour cause d'utilité publique, et moyennant une juste indemnité. »

Ils ne peuvent être contestés que par ceux qui donnent à la propriété des origines hypothétiques, contrat social, primitif, inventé par Rousseau ou état juridique, conception purement philosophique de Kant. Quant à ceux qui se refusent de reconnaître que la propriété soit légitime, il est inutile de songer aux clôtures, car ils ne peuvent admettre pour être conséquents leur existence légitime.

En entrant dans l'étude de la législation positive, nous voyons que le législateur français en général respecte les principes que nous avons exposés. Il y a cependant deux articles où l'on peut se demander, s'il n'a pas violé les règles du droit individuel et le principe que l'intérêt général seul peut autoriser une entrave législative à l'exercice d'un droit naturel. Les articles 661 et 663 du code civil me paraissent être des atteintes profondes au droit individuel et à la propriété.

De très savants jurisconsultes se sont ingéniés à les expliquer (1). Ils ont voulu justifier le législateur qui s'était inspiré de la rédaction de quelques vieilles coutumes. Partant de cette idée qu'il y avait un intérêt pour deux héritages voisins à n'avoir qu'une ligne séparative aussi restreinte que possible, ils l'ont poussée à une limite qui évidemment est exagérée, en élevant cet intérêt privé à la hauteur de l'intérêt public. Le savant M. Demolombe (*Servitude*, n° 313) a écrit :

« On peut même dire que la société tout entière est intéressée à ce que la dépense des capitaux et des terrains ne soit pas ainsi doublée en pure perte. »

La propriété individuelle comme toute chose humaine emporte avec elle des imperfections dans le régime de son organisation. « Il faut se résigner à certaines déperditions qu'elle entraîne avec elle, » dit avec raison M. Batbie (2), et j'ajouterai, que c'est à l'administration de bons pères de famille, administrant leurs biens avec sagesse, de diminuer ces pertes naturelles, et non au législateur de leur imposer en quelque sorte la direction de leur administration de fortune.

L'article 661 en donnant au voisin le droit d'acquérir la mitoyenneté du mur sans en donner aucune

(1) (Demolombe, *Servitude* n° 352. —Laurent n° 501.)
(2) *Correspondant*, 1866, p. 78.

raison et sans qu'il y ait pour lui utilité, au lieu d'être
dans la loi une mesure de protection, devient au contraire une mesure vexatoire. Les auteurs (1) et la jurisprudence, dans l'interprétation de notre article, admettent que l'intention de faire fermer des jours de
souffrance est un motif suffisant pour acquérir la propriété de la moitié du mur. L'expérience pratique dé-
montre que beaucoup des procès engagés sur ce
point, n'ont d'autre origine que l'intention d'un propriétaire d'être désagréable à un voisin à qui la loi
impose l'obligation de céder. Si la mitoyenneté est dé-
sirable, ce que je ne conteste pas, pour ne pas porter
atteinte au principe de la justice, il faut laisser aux
libres conventions des particuliers de régler pour le
mieux leurs intérêts, et il est regrettable de voir un
texte de loi devenir une arme vexatoire entre les
mains d'esprits mal faits et portés à la chicane (2).

Si l'obligation de céder malgré soi la mitoyenneté
de sa clôture viole le droit de propriété, l'obligation qu'impose la loi dans les villes de contribuer
à la clôture commune entre sa propriété et celle du
voisin, blesse également le droit individuel. Chacun
a le droit de s'enfermer chez lui, si bon lui semble,
et si mon voisin dont la propriété se termine à 20 centimètres de ma fenêtre veut faire construire sur cette
limite extrême un mur aussi haut qu'il lui plaira, je n'ai
pas plus le droit de l'en empêcher que de l'y contrain-

---

(1) Demolombe. *Servitude* n° 359. Demante, n° 661 (Duranton, V. 325).
Cass. 3 juin 1850; (S. 1850, 1. 58⸱). Cass, 1 juillet 1861; (S. 1062, 1. 82).

(2) « Il aurait mieux valu laisser la mitoyenneté toujours facultative ;
l'inviolabilité de la propriété l'exigeait, et la mitoyenneté forcée est une
des sources les plus fréquentes de difficultés et de procès entre voisins. »
Glasson (*Éléments de droit français*, I, p. 287).

dre, et, cependant, il est fort possible que cette construction prive ma fenêtre de lumière, de telle façon
qu'en plein jour la chambre qu'elle éclaire ait quelque
analogie avec une cave. Une prétention contraire serait
repoussée par le bon sens, et ne saurait jamais être
admise en justice. Pourquoi donc le législateur a-t-il
inscrit dans l'article 663 un droit pour ce voisin qui
m'est désagréable, de me contraindre à payer la construction de ce mur qui est pour moi une gêne véritable?

Les jurisconsultes disent qu'il y a dans cette disposition des motifs d'ordre public, que la protection de
la population dans les villes et faubourgs, la sûreté (1)
des personnes, le secret de la vie intérieure et de
famille, exige cette précaution. -

J'avoue que ce motif d'ordre public me paraît ingénieux, mais nullement prouvé. Cette opinion n'est
pas personnelle. La cour de Rouen, le 24 février
1844, en avait jugé ainsi :

« Attendu enfin, disait l'arrêt, que l'obligation de se
clore dans les villes, aux termes de l'article (663 c. civ.),
n'est pas une obligation de droit public; mais seulement une obligation de droit privé, à laquelle il
est permis de déroger par des conventions particulières... »

Je ferai remarquer : que c'est une question discutée
de savoir si les parties ne peuvent pas renoncer à ce
droit de contrainte (2) mutuelle ; que c'est encore une
question très douteuse, de savoir (3) si le voisin ne peut

(1) Séance du conseil d'État, 4 brumaire an XII. Locré, t. VI p. 168.
(2) Demolombe, *Servit.* 378. — Et de Rouen 1844, 251.
(3) Demolombe, 379. Tribunal de la Seine, 25 mai 1882 (*Appendice*) n° 7.

échapper à cette contrainte en cédant soit la moitié du mur déjà existant, soit la moitié du terrain nécessaire à cette construction. Enfin, je ferai remarquer, et c'est là l'argument le plus décisif, que le pouvoir public se désintéresse de l'exécution de cette mesure dite d'ordre public, puis qu'il laisse aux particuliers le droit de se contraindre mutuellement *si bon leur semble* à cette clôture d'utilité publique. Voilà une étrange nécessité d'intérêt public, que l'on peut appliquer ou ne pas appliquer à volonté. Si la mesure eût été vraiment exigée par la sûreté des habitants, la législateur aurait imposé lui-même cette contrainte et dans ce cas la participation commune obligatoire eût été justifiée (1).

Il y aurait donc avantage à faire disparaître de notre législation ces deux règles contraires aux bases de la propriété, source de controverses et de procès nombreux, comme le prouvent les recueils de la jurisprudence.

Le droit de clore et de déclore ses héritages résulte essentiellement de celui de propriété, et ne peut être contesté à aucun propriétaire. L'article 4 de la loi de 1791, art. 1, sect. IV, a posé ce principe du droit de clôture.

Ce droit, bien qu'il dérive de la propriété naturelle avait subi dans l'ancien droit certaines restrictions par suite de l'extension donnée aux droits des propriétaires seigneuriaux ; mais il n'était point inconnu, comme semblent le dire certains auteurs qui font une gloire au législateur d'avoir proclamé ce droit « méconnu comme tant d'autres » (Laurent, VII, p. 449).

(1) « Laurent (no 498), sans se prononcer, insiste sur ce point que la hauteur des murs peut être arbitraire. »

L'ordonnance de 1665 (tit. XXX, art. 24), le proclamait. A cette époque, du reste, il y avait un mouvement en faveur de la clôture, résultant d'une situation économique nouvelle. En Suisse, un édit de de 1591 permit à tout propriétaire de se clore. En 1695, il y eût une loi semblable en Écosse ; en 1685, en Danemark ; en 1673 en France ; en 1767 en Suède.

Les rédacteurs du code civil se sont expliqués sur ce point. Et l'article 647 porte que tout propriétaire peut clore son héritage. Il peut paraître étonnant que ce droit se trouve mentionné au titre des servitudes, mais le motif s'en comprend.

Le législateur a voulu reconnaître l'indépendance de la propriété, et faire tomber certaines servitudes que le régime social ancien ou les mœurs avaient établies.

L'article 647 porte une exception résultant de l'article 682 ; mais cette formule est inexacte, et il faut dire que des servitudes conventionnelles ou légales peuvent limiter ce droit de clôture ou même le rendre absolument impossible.

Le propriétaire dont le fonds est traversé par une rivière ni navigable ni flottable est-il obligé à laisser libre le passage de cette rivière, et lui est-il interdit de tendre des chaînes en travers lors même qu'il est possesseur des deux rives ? Cette solution dépend de la question de savoir à qui appartiennent les rivières ni navigables ni flottables.

Pour ceux qui admettent que ces rivières sont res nullius, il faut refuser ce droit comme l'a fait la jurisprudence d'une façon constante. C'est ce qu'exprime fort bien l'arrêt de cassation du 8 mars 1865 (S. 1865, I. 109).

Décidant sur un arrêt de la Cour de Paris, du 2 août 1862, qui autorisait les sieurs Paumier et Libert à établir une clôture traversant un cours d'eau ni navigable ni flottable. La cour de cassation a cassé cet arrêt en décidant que la rivière n'étant ni navigable ni flottable appartient à tout le monde, et que les propriétaires limitrophes ne peuvent clore leur héritage en empêchant de circuler sur cette rivière :

Attendu : Sur les moyens uniques du pourvoi : Vu les articles 714, 647 et 644, c. Nap. ; — Attendu que les cours d'eau non navigables ni flottables rentrent dans la classe des choses qui n'appartiennent à personne, et dont l'usage est commun à tous, sauf le règlement, par les lois de police du mode de leur jouissance ; — Attendu que cet usage a pour limite les droits spécialement accordés par les lois et notamment par les art. 664, 556, 557 et 561, c. Nap. aux riverains de ces cours d'eau, et en particulier à ceux dont ils traversent les fonds ;—Attendu que, dans l'espèce, le demandeur réclamait comme l'une des facultés que comporte l'usage commun des rivières non navigables ni flottables, celle de circuler en bateau sur le Crould ; et que les défendeurs demandaient le maintien des chaînes qu'ils ont fait établir en travers de son cours pour empêcher cette circulation ; —Attendu que les défendeurs n'appuient leurs prétentions sur aucun des droits établis en leur faveur par les articles précités, et que, d'autre part, la circulation en bateau sur le cours d'eau dont il s'agit n'est interdite par aucune loi, ni aucun règlement d'administration publique ; — D'où il suit qu'en repoussant la demande en suppression des chaînes placées par les défendeurs, et en se fondant pour l'écarter : 1° sur le droit qui appartient à chacun de clore son héritage, alors que ni le lit, ni l'eau du Grould, ne sont la propriété desdits défendeurs ; 2° sur le droit qui leur appartient de se servir de l'eau du Crould, alors qu'en l'état la faculté d'y circuler en bateau réclamée par Frichot n'y portait aucune atteinte, l'arrêt attaqué a violé l'art. 714 c. Nap. et faussement appliqué les art. 647 et 644, même code ; — Casse, etc.

Toutefois, il ne faudrait pas pousser au delà de ses justes limites cette doctrine des exceptions, et les propriétaires sur le bord d'un étang salé peuvent y partager leur propriété par une clôture, comme l'a jugé avec sagesse la cour de Nîmes en 1869 (S. 69,2, 266), malgré le décret du 19 janvier 1859.

L'indivision peut encore être un obstacle à la faculté de se clore : — Ainsi il a été jugé que, dans une cour commune, un voisin ne peut la clore, s'il gêne ses copropriétaires (Metz, 6 février 1857 (S. 1858, 2, 44) et si ceux-ci n'y consentent point.

Le droit de clôture, à la différence du droit de propriété, ne saurait être prescrit par aucun laps de temps. C'est un droit facultatif, et l'on sait qu'il est de règle commune que la prescription ne peut s'appliquer à un droit de cette nature (Troplong, *Traité de la prescript.*, 118.) (Merlin, *Vaine pâture*, 144). C'est ce que dit l'article 2232 c. civ. — Cette doctrine avait été jugée sous l'empire de la loi de 1791 par un arrêt de Cassation de l'an III (25 floréal).

# CHAPITRE PREMIER

## DÉFINITION DE LA CLÔTURE

Les lois qui ont trait à la clôture dans notre droit français sont nombreuses. Aucunes cependant ne règlent spécialement et en totalité cette partie si intéressante dans le régime de la propriété. La loi des 28 septembre-6 octobre 1791 est la plus importante et la seule réellement spéciale à cette matière. C'est donc à elle qu'il importe de se référer lorsque des textes postérieurs n'ont pas réglé d'une façon nouvelle certains points de la matière, c'est encore à cette loi qu'il faut recourir pour les difficultés ou les questions omises par les législateurs d'une époque plus rapprochée.

Un arrêt de cassation du 24 juillet 1845 est conforme à cette doctrine (S. 1845, I. 368).

« Attendu, en droit, que l'art. 6, sect. 4 du titre I de la loi du 6 octobre 1791, ne répute en état de clôture que les héritages qui sont exactement fermés et entourés ou d'un fossé de 12 décimètres 99 millimètres d'ouverture au moins, et de 6 décimètres 50 millimètres de profondeur; — Attendu que si cet article se trouve plus particulièrement en relation avec l'exercice des droits de parcours ou d'usage de la vaine pâture, il faut reconnaître que ces dispositions, qui sont les seules qui déterminent les divers modes de clôture des biens ruraux, ont été introduites dans une loi qui concerne spécialement cette espèce de biens, les usages ruraux et la police rurale, qu'elles sont portées dans la section intitulée des clôtures, et que dès lors elles doivent servir de règle pour tout ce qui concerne les biens ruraux, comme pour tout ce qui est relatif aux contraventions de police rurale ; qu'une clôture réelle et efficace peut seule pourvoir aux vues que se propose l'autorité municipale lorsqu'elle affranchit du ban de vendanges les propriétés closes (Cass. 15, 1845, 862).

Le code civil, art. 647 à 673, a traité de la propriété de ces clôtures ; le code pénal, article 456, enfin des lois administratives nombreuses et d'intérêt général ont exigé pour le bien-être commun certains procédés de construction ou l'observation de certaines distances.

Qu'est-ce que la loi entend par clôture ? et quels signes exige-t-elle pour qu'une propriété soit close ? L'assemblée législative de 1881 a hésité à donner une définition de la clôture légale, et elle a renvoyé à une époque postérieure la décision sur ce point (1). Nous n'avons donc aucun texte nouveau qui puisse nous guider, et il faut nous reporter aux règles qui régissent la matière depuis 1791. Dans la loi des 28 septembre-6 octobre 1791 (titre I, section 4, art. 6), les signes caractéristiques de la clôture sont ainsi exprimés : « L'héritage sera réputé clos lorsqu'il sera

---

(1) Voir, *Appendice*, 4, le projet de définiton.

entouré d'un mur de quatre pieds de hauteur avec barrière ou porte, ou qu'il sera exactement fermé, ou entouré de palissades ou de treillages, ou d'une haie vive, ou d'une haie sèche avec des pieux ou cordelés avec des branches, ou de toute autre manière de faire les haies en usage dans chaque localité, ou enfin d'un fossé de quatre pieds de large au moins, et de deux pieds de profondeur. »

Le code pénal contient également une définition de la clôture. Article 391. « Est réputé parc ou enclos, tout terrain environné de fossés, de pieux, de claies, de planches, de haies vives et sèches ou de murs de quelque espèce de matériaux que ce soit, quelle que soit la hauteur, la profondeur, la vétusté, la dégradation de ces diverses clôtures, quand il n'y aurait pas de portes fermant à clef ou autrement, ou quand la porte serait à claire-voie et ouverte habituellement. »

Chacune de ces définitions appartient à une loi spéciale, et ce serait aboutir à des interprétations inexactes que de vouloir se référer à la dernière comme étant plus récente. La définition du code pénal est la seule à laquelle le juge du délit se doive référer pour les cas prévus par ce code, et c'est à la loi de 1791 qu'il faut recourir lorsque des pénalités frappent certains faits non réglés par le code pénal, ainsi la dégradation des clôtures.

Dans tous les autres cas, jusqu'à ce qu'une nouvelle loi ait donné une définition plus complète peut-être, c'est à la loi de 1791 qu'il faut se reporter.

On peut se demander si ces deux définitions sont limitatives. Je ne le crois pas, à cause de la généralité

des termes ; mais en ce sens que toute clôture ayant
analogie peut être par le juge mise sur le même rang ;
mais il faut qu'il y ait analogie, ainsi une rigole
faite à la pelle, un cordon d'herbe verte, un fil suspendu à vingt pieds en l'air, ne pourraient être dits
clôture.

# CHAPITRE II

DE LA PROPRIÉTÉ DE LA CLÔTURE

Si l'on est placé en présence d'une clôture séparative de deux héritages, une chose difficile entre toutes, c'est de désigner le propriétaire de la clôture. Les
mêmes raisons existent pour attribuer à l'un des voisins un droit sur cette clôture à l'exclusion de l'autre.
Si celui qui a fait les clôtures vit encore, ou si le
témoignage des anciens peut être apporté, la question
sera bientôt tranchée. Mais si l'origine de la clôture
est si ancienne que nul ne puisse dire qui l'a faite, la
question devient, pour ainsi dire, insoluble, et l'origine de procès innombrables.

Le pouvoir législatif qui a charge de maintenir
l'harmonie entre les habitants soumis à ses lois, a dû
s'intéresser à cette question en réglant le régime de
la propriété. Renvoyant au code rural et aux usages
établis, sur cette matière, il a retenu cependant quelques clôtures plus fréquentes et donné les moyens d'é-
viter ces luttes judiciaires auxquelles nous faisions
allusion. Sous le code civil (rédaction de 1804) : 1° les
murs ; 2° les fossés ; 3° les haies, étaient l'objet de
décisions spéciales. Les textes qui concernaient chacune de ces trois clôtures, ne pouvaient être étendus

à d'autres, de là des bizarreries, des différences que
le législateur de 1881 a voulu faire disparaître. Pour
atteindre ce but, il a généralisé la règle et l'a appliquée
à toutes les clôtures (art. 666 nouveau). Il ne faut
toutefois entendre ici que les clôtures définies par la
loi de 1791, et il paraît impossible de dire qu'on
pourrait appliquer les décisions nouvelles à toutes
clôtures inventées, à cause de l'intitulé de la loi
« portant modification des articles du code civil », et
aussi de la façon dont le sénat a voté cette loi. Si
l'on examine le projet de code rural soumis aux chambres, il est certain que l'intention des auteurs du projet était de faire voter un règlement définitif des clôtures ; mais en ajournant la définition de la clôture,
qui, selon le projet de loi, n'est pas limitative à des
débats postérieurs, le législateur a laissé entendre,
sous peine d'illogisme, qu'il ne modifiait que les règles relatives aux clôtures prévues par la loi de
1791.

Aujourd'hui donc, nous nous trouvons en présence
du code civil, s'occupant non plus de trois clôtures
avec des règles spéciales, mais d'une clôture qu'il
traite d'une façon particulière, c'est-à-dire le mur, et
de toutes les autres clôtures qu'il place au même
rang. Nous aurons donc deux sections : 1° le mur servant de clôture ; 2° toutes les autres clôtures.


## SECTION Ire

### De la propriété du mur servant de clôture

Un mur, clôture entre deux héritages, est présumé
appartenir aux deux propriétaires, être mitoyen, à la

condition qu'il se trouve : 1° entre deux bâtiments et 2° entre deux terrains enclos. C'est la règle positive de l'article 653. « Dans les villes et les campagnes, tout mur servant de séparation entre bâtiments jusqu'à l'heberge, ou entre-cours et jardins, et même entre enclos dans les champs, est présumé mitoyen s'il n'y a titre ou marque du contraire. » Le motif qui a guidé le législateur a été l'utilité commune pouvant résulter pour les voisins de cette construction à frais com-, muns. Mais cette idée ne doit pas être étendue au delà des cas prévus par la loi, et c'est à bon droit que la jurisprudence repousse les subtilités de quelques commentateurs qui invoquent certaines coutumes locales anciennes. Ainsi, le mur qui sépare un bâtiment contigu à un jardin, à une place vide, ne rentre point dans notre texte, et la mitoyenneté ne saurait être présumée.

C'est en vain que quelques auteurs veulent établir une doctrine différente dans le cas où la clôture est forcée, c'est-à-dire dans les villes, art. 663 (Merlin, *Mitoyenneté*, § 1. — Solon, n° 135) ou que d'autres plus audacieux (Perrin *construction*, n° 477) veulent maintenir cette présomption même pour les lieux où la clôture est forcée, si le terrain non bâti est clos de tous côtés. Leur argumentation n'aboutit qu'à des distinctions subtiles et arbitraires, que ne comporte pas le texte de l'article 653.

C'est un tort, dans deux hypothèses si distinctes, de transporter les arguments d'un article à un autre. Je dois ajouter que le législateur n'a pu vouloir tirer argument de l'article 663, puisque le principe de cet article n'avait pas encore été voté au moment du vote du précédent.

Une question peut être plus embarrassante ; c'est
l'hypothèse où un mur se trouve sur la limite des propriétés, soutenant d'un côté un terrain beaucoup plus
élevé que celui de l'autre héritage. Les opinions sur
ce point ont toujours été fort confuses (V. Nîmes, 23
juillet 1862, S. 62, 1, 456. — Demolombe n° 330. —
Merlin, *Mitoyenneté* § 1, 15. — Solon, n° 134), et tel
auteur (Demante, II, 50 bis et 517 bis) qui regardait
comme mitoyen ce mur séparatif, ne le faisait qu'en
établissant des distinctions quant à la manière dont
il dépassait le terrain supérieur. J'ai le regret de me
séparer, sur ce point, de savants auteurs, mais la présomption de mitoyenneté en toute circonstance me
semble devoir cependant être admise sans aucune restriction, et voici le motif qui me porte à décider ainsi.
Ce mur est avant tout séparatif de la propriété. Le législateur a donné pour base à sa présomption l'intérêt
bien entendu des deux propriétaires. S'il est une espèce où cet intérêt se montre d'une façon frappante,
c'est à coup sûr dans notre hypothèse.

Le propriétaire du fonds supérieur, s'il n'est pas
reponsable des éboulements fortuits ou des dommages
qui peuvent résulter des travaux qu'il exécute avec précaution, peut néanmoins encourir une responsabilité
(Poitiers, 1856, S. 56, 2, 470), si la moindre faute peut
lui être imputée. M. Demolombe (*Servitude*, n° 56)
n'ose se prononcer sur cette responsabilité, tant il lui
paraît difficile de trancher cette question. Le propriétaire du fonds inférieur n'a également la pleine jouissance de sa propriété que s'il peut modifier à son
gré la surface de cette propriété. Or il est parfaitement certain qu'il ne pourrait venir creuser

son fonds en exposant le fonds supérieur à se trouver, pour ainsi dire, suspendu au dessus de lui (Colmar, 1861) (S. 1861, 2, 577). C'était la doctrine romaine, c'est encore celle de la jurisprudence et des auteurs. L'un et l'autre propriétaire, pour jouir en sécurité, et pleinement de son droit de propriété, a donc un intérêt majeur à construire en commun ce mur qui les sépare. La distinction faite entre les cas où le mur dépasse ou ne dépasse pas un héritage supérieur est tout à fait arbitraire. L'on a écrit qu'un mur servant de soutènement n'est pas un mur servant de séparation, mais une partie intégrante, et une dépendance du sol. Aucun texte n'implique une pareille idée. Le mur de clôture est celui qui est à la limite de mon héritage, et dans bien des cas, cette ligne perpendiculaire et à pic sera une protection aussi efficace pour moi que le serait toute autre clôture plus ou moins élevée au-dessus d'elle.

## SECTION II

### De la propriété des autres clôtures

En outre d'un mur clôture d'héritage, le code civil avait prévu les clôtures formées par les fossés (art. 666) et par les haies (art. 670). Chacune de ces clôtures avait pour elle des règles spéciales, quant à la présomption de propriété introduite par le législateur. Un fossé entre deux héritages était en toutes circonstances mitoyen. Une haie, au contraire, n'était mitoyenne que lorsqu'elle se trouvait placée entre deux héritages également clos ou au contraire entre deux héritages n'ayant ni l'un ni l'autre de clôture.

On comprendra que je passe sous silence les questions délicates que la comparaison de règles si variées pouvait soulever et que je ne reproduise pas les motifs qui pourraient faire pencher en faveur de telle ou telle opinion. De savants auteurs « Demante, art. 666. —Demolombe, *Servitude*, n° 464 et suiv.» ont consacré de longues pages à ces questions, et pour les amateurs de l'histoire passée, il y a objet à longue étude. La nouvelle loi de 1881 à supprimé toutes ces distinctions, en proclamant dans l'article 666 (nouveau) l'assimilation de toutes les clôtures pour les soumettre à une règle identique.

Aujourd'hui toutes les clôtures séparatives d'héritage, sans distinction, sont présumées mitoyennes à moins qu'il n'y ait qu'un seul héritage en état de clôture.

Le mot clôture ici encore doit être entendu suivant la règle de la loi de 1791. Les mots « *à moins qu'il n'y ait qu'un seul des héritages en état de clôture* » sont une reproduction de la phrase qui existait dans l'ancien article 670 relatif aux haies ; il emporte donc une innovation, puisqu'il enlève aux fossés la présomption de mitoyenneté en toute circonstance pour ne la proclamer que dans cette hypothèse : M. Leroy, dans le rapport à la Chambre des Députés a donné les raisons de cette modification.

Pour les fossés, la présomption de mitoyenneté était plus large ; elle s'appliquait même en cas où un seul des héritages était en état de clôture, soit parce que le fossé n'était pas envisagé exclusivement comme un moyen de clôture, mais comme servant le plus souvent ou à la délimitation ou à l'écoulement des eaux des deux fonds, soit parce que, le fossé étant peu dispendieux, on pouvait facilement supposer l'entente entre les deux propriétaires riverains pour l'établir à frais communs. Mais ces motifs ne nous paraissent pas suffisants pour rendre à l'égard des fossés, la présomption de mitoyenneté plus facilement admissible qu'à l'égard des murs de clôture.

Lorsqu'un propriétaire a pris la précaution d'entourer de toutes parts son héritage par un fossé continu, tandis que son voisin a négligé de se clore, il paraît raisonnable de supposer que ce dernier n'a en rien contribué aux frais d'une clôture qui lui est à peu près inutile, et qui ne sert pas de défense efficace à sa propriété. La circonstance qu'un seul des héritages est en état de clôture, même lorsqu'il s'agit d'une clôture faite par des fossés, nous paraît indiquer d'une manière très caractéristique que cette clôture est l'œuvre exclusive du propriétaire clos.

Si donc il n'y a plus aujourd'hui de différence entre les haies et les fossés, il en reste une toutefois entre les murs et les autres clôtures.

Les conditions de l'article 666 (nouveau) et de l'article 653, tel que nous l'avons interprété, ne sont pas absolument les mêmes, et nous devons conserver l'ancienne interprétation de cette phrase, « à moins qu'il n'y ait qu'un seul des héritages en état de clôture ».

Le mot « *en état de clôture* » de l'article 670 (ancien) avait fait surgir cette opinion chez MM. Taulier et Duranton : Il fallait que les deux héritages fussent également entourés de haies. Ils fondaient cette opinion sur la contexture même de l'article applicable uniquement aux haies, disaient-ils. Cette question aujourd'hui ne peut plus se soulever à cause de la généralité de l'article 666 (nouveau).

La loi du 20 août 1881 ne produit son effet que pour les fossés creusés entre deux héritages depuis cette date.

Si donc l'un des héritages se trouvait être en état de clôture, et que l'autre ne fût aucunement clos, et s'il existe un fossé entre eux, il faudra, et ce sera peut-être quelquefois difficile, rechercher l'époque à laquelle le fossé a été creusé, pour savoir s'il doit être présumé une propriété individuelle ou commune. Cette question qui, dans la pratique, pourra produire de nombreux embarras, doit éveiller l'attention des propriétaires actuels, et ce serait, à mon avis, un acte de prudence et de bonne administration de faire constater les créations à frais communs de fossés, dans l'hypothèse que nous prévoyons.

Le paragraphe 3 de l'article 666 établit pour le fossé une présomption légale de propriété ; lorsque les présomptions de la mitoyenneté viennent à disparaître en faveur du propriétaire du côté duquel le rejet se trouve, c'est l'ancienne décision de l'article 668.

Le législateur l'a maintenue à cause de la vraisemblance des faits, et c'est vraiment une présomption légale de propriété emportant avec elle toutes les conséquences des présomptions établies par la loi. Mais il n'a pas osé l'étendre aux autres hypothèses, et a laissé aux tribunaux de décider la question de propriété.

Si l'on se trouvait en présence d'un fossé sans re-

jet de terre apparent, et placé entre une propriété
close, et une autre propriété non close, un doute, ce
semble, pourrait venir à l'esprit. Le fossé est censé
appartenir exclusivement, nous dit la loi, à celui du
côté duquel le rejet se trouve, et ici nous ne rencon-
trons pas cette marque de la propriété. Ce fossé n'est
plus présumé mitoyen, puisque l'article 666 (nouveau)
exige une position spéciale entre des héritages ou clos
ou déclos. Et ici, nous ne sommes pas dans cette
hypothèse.

Ne pourrions-nous pas dire que ce fossé appartient
au propriétaire de l'héritage clos ? Que cette propriété
résulte d'une présomption légale qui, si elle n'est
point écrite en toutes lettres dans un texte, est évidente par les modifications apportées à une règle antérieure par une règle postérieure.

Dans les rapports qui ont précédé la loi, on pourrait peut-être trouver quelques éléments à cette
théorie.

Je me refuse à la suivre, parce qu'il paraît
toujours dangereux d'étendre au delà des termes
précis l'interprétation de la loi, lorsqu'elle n'a trait
qu'à des règles exceptionnelles prévues par le législateur pour maintenir l'ordre dans la société ; règles qui
forcément, dans certains cas, sont contraires à la vérité, et peuvent amener une violation de la justice. Il
n'y a de présomptions légales de propriété que celles
formellement énoncées, et l'on ne peut en créer par des
inductions tirées de la comparaison de textes. Dans
ce cas ce sera aux tribunaux de trancher cette question de la propriété d'après les règles générales et les
moyens que la loi a mis entre leurs mains.

# CHAPITRE III

## DES PREUVES CONTRAIRES A LA PRÉSOMPTION DE MITOYENNETÉ DES CLÔTURES

Le législateur en établissant, pour les motifs que nous avons indiqués, une présomption de mitoyenneté dans certains cas, n'a point entendu établir une règle invariable, disposant de la propriété d'une façon souveraine, sans aucune possibilité pour les propriétaires de venir démontrer que les choses se sont passées d'une façon toute différente. Ce n'est pas, selon une expression de l'École, une présomption *juris et de jure*, c'est une présomption *juris tantum*, elle peut donc être combattue par la preuve contraire (art 1352).

Les moyens pour la faire combattre sont indiqués par le texte de la loi. Pour les murs (art. 653), le titre ou la marque contraire : — pour les clotures (art· 666 nouveau) le titre, la prescription, la marque contraire, font cesser la présomption légale de propriéte, nous le étudierons séparément.

### SECTION Iʳᵉ

**Moyens de preuves contraires à la présomption de mitoyenneté du mur.**

Le mur, pour être présumé mitoyen, doit servir de séparation immédiate à deux fonds, et cela d'une.façon absolue. L'interprétation de l'article doit être stricte, car nous sommes ici en matière de droit étroit, et il est impossible d'admettre, comme ont voulu le faire quelques auteurs, que cette présomption s'applique dans l'hypothèse où l'espace est si restreint qu'on le peut considérer comme de nulle valeur. — Laissez un espace, si modique qu'il soit, et le mur étant bâti sur le terrain du voisin lui appartient exclusivement.

Le titre et la marque contraire sont les moyens de preuve indiqués par l'art. 653.

Le titre est ici la preuve littérale (Angers, 3 janv. 1850 — S. 1850. II, 460,) et le simple témoignage ne saurait suffire. Quelques jurisconsultes veulent que ce titre soit un titre commun, et ils invoquent ce principe, qu'un titre ne peut être opposé qu'à celui de qui il émane. Je reconnais que cet argument n'est pas sans importance. MM. Aubry et Rau (II, § 222, 4ᵉ éd.) enseignent qu'il n'y a aucune raison de s'éloigner de ce principe. Il me semble que l'on peut en trouver une dans cet autre principe incontestable, que tout propriétaire a le droit de bâtir sur la limite extrême de sa propriété sans le consentement et l'approbation de qui que ce soit. Nul texte ne l'oblige à aller demander à son voisin une déclaration amiable, par laquelle celui-ci reconnaîtra que le propriétaire a usé de son droit de propriété ou ne l'oblige à faire par avance une notification extra-judiciaire comme semble le conseiller le savant M. Demolombe après avoir dit : « quoi qu'il en soit de ce qui précède » (*Servitude*, I, n° 335). Une exigence de cette nature serait au fond une violation absolue du droit

de jouir de sa propriété en toute liberté. L'article 653,
de plus, dans son texte, n'implique nullement l'idée
d'un titre commun, et lorsque le principe de propriété,
principe d'ordre naturel, résiste à une interprétation de
cette nature, il me paraît difficile de le faire plier devant le principe conventionnel qu'un titre ne peut
être opposé qu'à celui dont il émane.

Les marques extérieures font aussi tomber la présomption de propriété : elles sont exprimées par l'article 654. C'est une question fort douteuse de savoir si le
juge ne peut admettre d'autres signes que ceux prévus
par cet article. L'article 654, n'est point, je l'avoue,
rédigé en termes restrictifs. Cependant il me semble
que l'on ne doive pas invoquer, sauf pour les constructions antérieures à la promulgation du titre des
servitudes (Cass. 18 juillet 1837, S. 1838, I, 325). —
(Marcadé art. 654), d'autres signes que ceux prévus
par l'art. 654. L'argument qui rend cette doctrine
plus certaine, sont les travaux préparatoires de la loi,
et le rapport du tribun Albisson (Locré, VIII, p. 388)
d'après lequel, l'art. 654 « détermine *précisément* » les
marques. Le lien qui unit cet article au précédent paraît difficile à anéantir.

Le législateur de 1881 me paraît avoir eu la même
opinion sur ce point. Obligé sur l'article 666 (nouveau)
de s'occuper des marques contraires pour les clôtures ;
il a étendu ce mode de preuve à toutes les clôtures,
mais en respectant la doctrine des législateurs du code,
relativement aux fossés, et en formulant la marque contraire sur ce point. Il comprenait donc les textes anciens
comme limitatifs, sans cela il eût été inutile d'ajouter
un § 2 à l'article 666 (nouveau) : le § 1 était suffisant.

M. Demolombe (*Servitude,* I. 541) répousse cette doctrine par des arguments tirés de la raison, de l'intérêt public, de la formule du texte. A l'argument tiré de la formule du texte, l'on peut opposer les travaux préparatoires qui en donnent le véritable sens, et aux arguments de raison et d'intérêt public, l'on peut répondre par des arguments de raison, d'intérêt public, qui paraissent aussi concluants. L'opinion soutenue a donc encore pour elle les travaux préparatoires. « S'il est vrai qu'en général l'uniformité de la règle ait de grands avantages, elle peut offrir aussi parfois de grands dangers : et c'est particulièrement dans la matière des servitudes que ces décisions absolues auraient souvent été la source de beaucoup de désordres et d'injustices. » — Il me paraît, au contraire, que c'est en des matières où la chicane peut si facilement trouver une occasion de se produire, qu'il y a intérêt à avoir une règle uniforme et précise. Le but du législateur a été le maintien de la paix entre les individus. C'est en diminuer les chances, que de permettre de venir invoquer des marques plus ou moins variées.

Quelques auteurs ont voulu que la prescription acquisitive de la propriété exclusive du mur ne fût pas un obstacle à la présomption de mitoyenneté. Nous devons dire que cette question nous paraît entièrement simple, et que nous en sommes encore à nous demander ce qui a pu la faire naître. L'article 653 ne dit pas de quelle manière on acquiert ou on perd la mitoyenneté, il dit qu'elle n'existe pas. Mais du moment où il aura été constaté que j'ai prescrit le mur, qu'en vertu de la prescription j'en ai acquis la propriété pleine et entière, il faut admettre que la présomption ne peut plus s'élever. J'ajouterai qu'au cas de contestation, le jugement déclarant qu'il y a prescription acquisitive me paraîtrait être un titre suffisant.

Quelques auteurs ont soutenu que, la possession exclusive du mur pouvant entraîner une prescription, pouvait servir de base aux actions possessoires. — Je le reconnais, cette possession annale aura l'avantage de permettre au possesseur de n'être plus attaqué qu'au pétitoire, et de conserver la chose pendant l'instance, mais le jugement rendu au possessoire n'aura aucune force contre la présomption de mitoyenneté, qui est une question de propriété. Pour triompher, le possesseur n'a qu'un moyen, établir l'acquisition par la prescription (Demante, II, n° 507 *bis*. — Poitiers, 22 juin 1836. — S. 1837, II, 116.

## SECTION II.

### Moyens de preuves contraires à la présomption de mitoyenneté des autres clôtures

L'article 666 (nouveau) indique le titre, la prescription ou la marque contraire.

Quant au titre, nous n'avons rien à dire de plus que ce qui a été dit, lorsque nous avons parlé des murs. Les mêmes conditions sont exigées. On a récemment exprimé que le titre dont parle la loi n'est pas l'écrit qui constate une cause d'acquisition, l'acte notarié, ou sous seing privé, mais la cause même de l'acquisition. L'on a dit que la preuve testimoniale, au cas où il ne s'agirait pas d'une matière excédant 150 fr., pourrait être reçue. Cette doctrine, bien que séduisante, me paraît n'être pas dans l'esprit de la législation, et j'aime mieux l'entendre dans le sens d'une preuve littérale. Les doctrines, qui, dans cette matière de la clôture, si facilement objet de difficulté, exigent des estimations pour savoir si la valeur est inférieure ou excède 150 francs, me paraissent entraîner avec elles une source de contestations et de procès. Elles me paraissent impraticables en fait, la valeur des murs et des clôtures étant indéterminée (Angers, 3 janvier 1850, (S. 1850, 2, 460). — Contra, Cass. 10 juillet 1865, (S. 1865, I, 341).

Pour les marques contraires, l'article 666 (nouveau) permet au magistrat d'admettre pour les clôtures autres que les fossés telles marques qu'il voudra. Ceci résulte du rapport de M. Leroy à la Chambre des Députés et de l'absence d'observations faites à ce sujet malgré l'exposé des motifs.

Le magistrat devra s'en tenir aux marques indiquées par la loi pour les murs et pour les fossés. On ne peut mettre en doute cette question, relativement aux murs, la loi nouvelle n'en parlant pas. Quant aux fossés, il serait peut-être plus facile de soutenir que l'esprit de la nouvelle formule permet de les assimiler aux autres clôtures, relativement à la liberté d'interprétation donnée aux magistrats. On a dit que le texte de l'article 666 (nouveau) « *toute clôture est réputée mitoyenne, à moins qu'il n'y ait ... marques contraires* » était une formule générale applicable à toutes les clôtures, et qu'elle n'excluait point l'admission par les juges d'autres marques contraires. Il me semble que c'est faire peu de cas du texte même de l'article et qu'il est impossible de détacher ainsi l'alinéa 2 de l'alinéa précédent.

Pour les fossés, l'alinéa 2 de l'article 666 (nouveau) indique une marque spéciale unique et l'article 654 celles relatives aux murs.

Si l'on reconnaît la possibilité pour le juge d'admettre des marques autres que celles indiquées par la loi, il faudrait se demander quel sera positivement l'effet de ces marques. On a voulu établir une distinction entre ces marques, en qualifiant les unes de judiciaires, et les autres de légales, et donner des effets différents à celles que l'on appelle judiciaires. Si j'ai bien compris ce système, les marques judiciaires n'auraient d'autre effet que d'écarter la présomption de mitoyenneté et de créer au profit de celui pour qui elles existent une présomption simple de propriété. La marque légale écarterait également la présomption de mitoyenneté et créerait, au profit de celui pour qui elles existent, une présomption légale de propriété ; ce serait l'application des principes généraux des articles 1350 et 1352.

Cette thèse, bien que séduisante et très savante, me paraît difficile à admettre pour la raison suivante. Cette distinction entre les marques légales et les marques judiciaires ne se trouvant point dans notre matrice, il faut admettre ou que le législateur a désigné positivement certaines marques en dehors desquelles le juge n'en peut connaître d'autres, ou bien qu'il a donné au juge une indication de ce qui peut être une marque, lui laissant la liberté d'élever au même niveau des marques qu'il estime aussi probantes. Il me paraît impossible, sans une indication précise, de diviser ainsi en des catégories les marques contraires. Ou le texte n'autorise, en les sanctionnant du caractère de présomption légale, que les marques limitativement énoncées, ou il confie au juge le choix de ces marques et il élève au même rang toutes celles que le juge admet en vertu de ce pouvoir

La loi de 1881 prévoit encore la prescription. C'est une innovation qui met fin à des controverses nombreuses que soulevait la mention faite de la possession invoquée comme marque pour les haies (article 670 ancien) et le silence des articles 653 et 666 anciens. Que la prescription trentenaire ou celle de dix à vingt ans, selon les cas, soit un mode d'acquérir les haies, les murs ou les fossés comme tout autre bien, c'est une doctrine qui ne paraît plus pouvoir être contestée.

L'article 670 en mettant sur la même ligne le titre ou la possession suffisante n'avait pu vouloir parler que d'une possession équivalente à titre, c'est-à-dire d'une possession trentenaire disaient MM. Aubry et Rau, et comme eux la jurisprudence tout entière. Le nouvel article 666 en inscrivant le mot prescription a, *pour toute clôture*, fait disparaître le doute à cet égard. Elle met fin aux opinions rejetées par nous, qui donnaient des effets à la possession annale, les uns en l'appliquant à toute clôture, murs, haies ou fossés, les autres distinguant entre le mur et la haie. La prescription seule, prescription acquisitive de la propriété exclusive de la clôture, fait tomber la présomption de mitoyenneté. La possession annale pourra cependant être invoquée au possessoire, mais elle ne saurait être destructive de la présomption légale de mitoyenneté et ne dispenserait pas de produire un titre dans le cas où la question serait portée au pétitoire, c'est la con-

firmation de la doctrine que nous avons suivie précé_
demment (Douai, 15 février 1836 ; Poitiers, 23 juin
1836 ; S. 1837, 2, 116).

La règle nouvelle tranche sans doute une difficulté,
mais elle laisse aux tribunaux une quantité innom-
brable de faits, à cause des caractères douteux des
actes de la possession et de l'interprétation de la volonté de celui qui s'est mis en possession (Angers,
6 mars 1835 ; S. 35, 2, 244).

# CHAPITRE IV

## DE L'ACQUISITION DE LA PROPRIÉTÉ DES CLOTURES.

### § 1. — *Droits et obligations du vendeur d'une mitoyenneté*

La clôture est une propriété immobilière au même titre que tout autre bien immobilier.

Les modes d'acquisition de la clôture sont donc les mêmes que ceux reconnus par la loi pour la propriété.

L'occupation, l'accession, ne peuvent s'y appliquer ; mais les conventions, les donations, les legs, la prescription sont autant de modes légitimes pour acquérir cette propriété.

Ces vérités sont si simples, qu'elles ne devraient point nous arrêter. La matière cependant est des plus délicates et présente quelques questions dont la solution n'est pas sans offrir de sérieuses difficultés, s'il est vrai qu'on puisse les résoudre. Il faut reconnaître que fort probablement le législateur n'a jamais entrevu les difficultés que les règles qu'il établissait devaient soulever ; et par conséquent on ne doit pas s'étonner si les solutions que l'on pourra indiquer ne satisfon point absolument l'esprit.

L'on me permettra d'insister sur ce point sur lequel les auteurs ont passé rapidement.

Une faculté spéciale insérée dans la loi, et que nous avons critiquée au début de cette étude, vient jeter le trouble au milieu de principes d'une clarté parfaite.

L'article 661 est ainsi conçu :

« Tout propriétaire joignant un mur mitoyen en tout ou en partie, en remboursant au maître du mur la moitié de sa valeur, ou la moitié de la valeur du mur qu'il veut rendre mitoyenne, et moitié du sol sur lequel le mur est bâti. »

Cette règle n'est au fond qu'une obligation de vendre imposée au maître du mur. Ainsi la mitoyenneté du mur peut être vendue de deux façons; par le propriétaire, de bonne volonté, comme une vente volontaire d'une partie de sa propriété immobilière, ou bien, au contraire, sous une contrainte imposée par la loi, et malgré sa volonté, par suite d'une décision judiciaire.

Traiterons-nous ces deux hypothèses de la même façon ? — Dans cette aliénation qui a un caractère d'aliénation forcée, verrons-nous une vente ordinaire avec toutes les règles relatives à ce contrat, ou bien, à cause de la nécessité résultant de la loi, faut-il y voir une expropriation pour cause d'utilité privée?

Le mot a été écrit ; mais il doit être effacé, car il n'appartient pas à la langue du droit, et il est en contradiction formelle avec les principes de notre droit français. Nous avons donc ici une opération que le legislateur n'a point définie, un mode d'acquérir « *sui generis* », résultat non plus d'un contrat proprement dit mais d'une décision de la loi.

Ce mode, la volonté peut l'accepter, et alors il cesse d'exister pour se transformer en un contrat volontaire, en une vente. — Elle peut le repousser, et alors la loi reprend son empire, soumet la volonté, et amène un transfert de propriété *ex lege*. Comment devrons-nous l'interpréter, à quelle règles sera soumis ce transfert? Voici notre solution :

L'acquéreur de la mitoyenneté, dans le cas de vente volontaire, sera un acheteur. Le vendeur aura contre lui une action personnelle, il pourra même exiger le paiement préalable. C'est un argument *a fortiori* de la règle générale posée dans l'article 547. « Le vendeur » ex lege devra aussi recevoir le prix que le jugement lui aura attribué ; il aura en vertu du jugement et nécessairement une action personnelle contre l'acquéreur du mur : cela ne peut faire doute.

Le vendeur dans la vente est aussi muni d'une action en résolution. — Le vendeur de la mitoyenneté a-t-il les mêmes garanties ? Au cas où la vente était librement consentie, aucun doute, ce semble, ne peut s'élever : qu'il vende la mitoyenneté ou toute la propriété, sa situation est la même. Mais dans le cas où l'acheteur a invoqué l'article 661 et contraint par décision judiciaire le copropriétaire à lui vendre, on pourrait se demander si la même solution s'impose. L'affirmative pour nous doit être admise. L'article 1184 s'impose dans cette hypothèse, comme dans la précédente. Le vendeur agira donc en résolution, et il rentrera dans sa pleine propriété.

Il semble qu'il ne puisse avoir grand intérêt à cette opération, car à peine rentré dans sa propriété, il pourra de nouveau la voir sortir de ses mains par une nouvelle application de l'article cité. Cette éventualité est possible, même probable ;

ais la résolution peut avoir son avantage, elle peut produire, et devra produire vis-à-vis de lui une obligation d'indemnité de la part de celui qui n'a pas payé en temps utile, indemnité, dont il pourra exiger le paiement comme condition de la nouvelle vente.

Jusqu'ici, il n'y a pas eu de difficulté, action personnelle, demande en résolution, tous ces moyens de protection seront faciles à mettre en mouvement, et réussiront.

Le vendeur ordinaire est encore pourvu par le code civil d'un privilège (art. 2103, 1°). Ce privilège a pour but d'arriver à une vente aux enchères, et d'obtenir ainsi le prix dont il est créancier. Accorderons-nous le même privilège au propriétaire vendeur d'une mitoyenneté ? L'objection est la suivante. Les immeubles hypothéqués sont ceux que l'on peut mettre aux enchères. La vente aux enchères suppose un concours possible entre des acquéreurs. La mise en pratique de la vente d'une mitoyenneté ne paraît pas possible. Au cas de vente volontaire, je dirai cependant que le privilège existe : c'est une vente ordinaire. Nous n'avons pas à nous préoccuper de savoir si, en pratique, il sera possible d'user du privilège, pas plus que nous n'avons à nous occuper de savoir si le vendeur ordinaire voudra ou ne voudra pas s'en prévaloir. C'est un bénéfice accordé par la législation, bénéfice qui dans l'hypothèse ne rapportera rien, mais nous maintiendrons cependant qu'il appartient au vendeur, aux termes mêmes de la loi. Nous ne déciderons pas de même dans l'hypothèse où un jugement a été rendu, c'est-à-dire lorsque l'acquisition resulte de la loi.

Le privilège est une matière de droit étroit ; il

n'existe qu'au cas où le code civil l'a dit formellement : la vente, et non la vente « ex lege » entraîne le privilège à sa suite. Sur ce point nous sommes d'accord avec la théorie soutenue par M. Thyébau *(de la mitoyenneté des murs* 1881).

Les dispositions exceptionnelles des articles 661 et 663 provoquent encore une question difficile.

Le vendeur de la mitoyenneté a-t-il une action réelle contre l'acquéreur, tiers détenteur de la propriété voisine.

Pour donner la solution de cette question, il faut rechercher quelle est la propriété qui subit la charge. Or nous nous trouvons en présence de deux hypothèses bien distinctes : La faculté d'acheter la propriété imposée par l'article 661, et l'obligation de contribuer à la clôture commune résultant de l'article 663.

Dans la première hypothèse (art. 661), sur qui repose la charge ? Est-ce sur la propriété qui acquiert la mitoyenneté ou sur celle qui la cède. Je crois que la réponse ne fait aucun doute : la charge n'est pas imposée à la propriété qui acquiert, elle l'est à celle qui cède. Le caractère de réalité de la charge n'existe donc pas sur le fonds qui acquiert, et le tiers détenteur ne saurait être tenu propter rem. Nous repousserons donc l'action réelle donnée au vendeur de la mitoyenneté ; il n'a qu'une action personnelle.

Dans les villes et les faubourgs, l'article 663 oblige les fonds à concourir à la construction de la clôture commune. Ici nous ne raisonnerons plus de la même façon. La charge est imposée aux deux fonds. — Elle a un caractère notoire de réalité. Si donc l'un des propriétaires a fait l'avance des fonds pour la construction du mur mitoyen, pour le remboursement de ses frais, il pourra agir contre l'acquéreur, tiers détenteur de l'immeuble, tenu dans ce cas propter rem (cass. 21 mai 1843.—S. 1843, I, 350.—Paris, 22 janv. 1834 — S. 1834, II, 94. — Demante, II, n° 488 *bis*. — Demolombe, *Servitude*, n° 10).— S'il sagissait d'une clôture faite à la campagne, nous devrions refuser l'action réelle, car la convention est la seule cause de l'obligation, non plus la charge imposée par la loi. – Rejet, 23 mai 1843.

Cette solution, dans notre matière de l'acquisition de la propriété, ne peut nous servir de guide. L'article 663 suppose que la clôture n'existe pas. Ici ce n'est plus l'espèce. Nous vendons une clôture qui existe, l'action réelle n'existera donc pas en ce cas.

La vente volontaire du mur entraîne avec elle l'obligation de la garantie, tant de l'éviction que des vices rédhibitoires. Ce sont les règles de la vente qu'il faut suivre. Mais si, résistant à la demande qui m'a été faite, j'ai été condamné à céder la mitoyenneté, la garantie des vices rédhibitoires n'existera plus (art. 1649). Relativement à l'éviction, il me paraît certain qu'il en sera de même. Le jugement du reste n'a-t-il pas tranché toutes choses irrévocablement ?

## § 2. — *De l'acquisition à l'égard des tiers*

L'acquéreur d'une mitoyenneté, qui veut se mettre à l'abri vis-à-vis des tiers, doit se conformer à l'article 1, § 1, de la loi du 23 mars 1855.— La loi dispose que l'on doit faire transcrire tous actes entre-vifs translatifs de propriété immobilière, ou de droits réels, susceptibles d'hypothèque. — Or la cession de la mitoyenneté, volontaire ou judiciaire, comporte translation de la propriété d'une portion indivise de l'immeuble. L'acquéreur devra faire transcrire son titre contre les créanciers hypothécaires futurs du propriétaire cédant, sinon il restera exposé à l'exercice du droit de suite de tous ceux qui le précéderaient comme inscrits.

Si le bien sur lequel se trouvait toute la clôture est libre de toute hypothèque au moment de l'acquisition, il n'y a aucune difficulté. L'acquéreur de la mitoyenneté paiera son prix au vendeur, et il sera propriétaire sans avoir rien à redouter. Mais si nous supposons le bien du propriétaire vendeur grevé d'hypothèques, et ce sera un cas assez fréquent, l'acquéreur pourra-t-il sans danger lui remettre le prix de son acquisition? Ne trouvera-t-il pas quelqu'un qui puisse critiquer son opération et venir à nouveau lui demander le prix de cette acquisition ?

Les créanciers hypothécaires du vendeur ont un droit de suite sur le démembrement de la propriété qu'il a cédée ; l'acquéreur se trouvera donc exposé à les voir venir lui demander à nouveau le prix déjà payé. N'y a-t-il aucun moyen de sortir de cette difficulté ? La purge est le moyen offert à tout acquéreur, mais la purge pour être efficace nécessite la possibilité d'une surenchère de la part des créanciers, et ici il semble bien que cette surenchère ne soit pas possible. La nature même de l'objet répugne à cette opération.

Conformément à cette objection, qui, je le reconnais, n'est pas sans gravité, M. Thyébau a refusé à

l'acquéreur le droit de purge, et voici le système ingénieux qu'il a établi.

« L'acquéreur de la mitoyenneté offrira le prix au
propriétaire cédant, à charge par celui-ci de rapporter
le certificat de radiation des inscriptions qui grèvent
sa propriété, soit tout au moins le consentement des
créanciers inscrits autorisant l'acquéreur à se libérer
valablement. »

« Si l'acquéreur obtient l'une ou l'autre de ces satis-
factions, il se libérera sans crainte en versant entre les
mains de son créancier. Si au contraire le propriétaire
ne peut ou ne veut lui accorder les garanties qu'il
demande, il devra consigner le prix à la Caisse des dé-
pôts et consignations, et poursuivre la validité des offres. — Sans doute, et c'est là l'inconvénient de ce système, l'acquéreur restera exposé à l'exercice du droit
de suite par les créanciers hypothécaires ; mais s'il
est dépossédé de son droit, il retrouvera au moins à la
Caisse la somme qu'il y a versée, somme dont il pourra
se servir pour réacquérir aussitôt, en usant du bénéfice
de l'article 661, la mitoyenneté qu'il aura perdue. »

Ce système très ingénieux a le grand tort de
laisser l'acquéreur exposé au droit de suite. Il
reste, il est vrai, dans les termes de la loi. Je
préfère, je l'avoue, celui que notre éminent maître,
M. Labbé, a indiqué, et que la pratique a mis en usage
(*Revue critique de jurisprudence*, VIII, 1856, p. 232).

« L'acquéreur purgera — offrira son prix — et
comme d'une part les créanciers ne sont pas tenus
de se contenter d'une évaluation faite par leur débiteur, et que, d'autre part, la vente au plus offrant du
droit de mitoyenneté est impossible, il est inévitable

que le tribunal fixe le véritable prix sur rapport d'expert. »

M. Thyébau objecte qu'il n'est pas écrit dans la loi.

Je me permettrai de répondre que la loi a oublié de régler cette matière ; sans cela, il n'y aurait pas de controverse que cette solution coupe court aux difficultés, et qu'enfin elle est équitable, car il n'est pas admissible que la loi, qui encourage cette acquisition de la mitoyenneté, la rende difficile et expose à une menace de trouble l'acquéreur qu'elle a incité à cette acquisition.

# CHAPITRE VI.

## DE QUELQUES FACULTÉS LÉGALES EN MATIÈRE DE CLÔTURE

### § 1<sup>er</sup>. — *Faculté d'acquérir la copropriété*

Nous avons déjà étudié cette faculté en parlant de l'acquisition des clôtures. La condition unique, c'est que ces terrains se joignent les uns les autres. Si donc il se trouvait une espace de terrain si minime que ce soit, la faculté n'existerait plus : ce pointc, ependant, a été contesté.

Dans l'opinion contraire, l'on a dit qu'un voisin pourrait facilement se soustraire à l'obligation de céder la mitoyenneté de la clôture : que ce serait une fraude à une obligation imposée pour l'utilité générale, et l'on ajoutait : « Malitiis non est indulgendum (Demolombe, n° 354. Marcade, n° 661, 1° Mourlon, 141. Pardessus 1, n° 154). L'argument tir de l'intérêt général ne nous émeut pas, nous avons nié au commencement que le législateur ait été guidé par ce motif, et nous ne pouvons étendre une disposition exorbitante pour faire pièce à des propriétaires qui se croiraient plus habiles que la loi.

Cette faculté appartient à *tout propriétaire*. Nous dirons ici à l'usager, à l'usufruitier, à l'emphytéote, car, dans cette hypothèse, ils jouent le rôle du propriétaire.

Une controverse s'est élevée sur la question de savoir si l'acquisition produisait un effet rétroactif. Malgré l'autorité des auteurs (Demolombe, 370 et les auteurs cités) qui soutiennent cette rétroactivité, les observations judicieuses qu'ils présentent sur son utilité, je ne puis pas accepter cette doctrine, car il me paraît impossible que le caprice d'un voisin fasse loi, pour le passé. L'acquisition que le voisin fait du mur, tel que la loi lui en donne le droit, est l'acquisition du mur tel qu'il est, et non tel qu'il lui serait agréable qu'il fût pour sa commodité.

La loi de 1881 établit d'une façon positive que ce droit ne s'applique pour aucune autre clôture. C'est ainsi que l'on doit entendre l'article au dire du rapporteur, mais tandis que le texte des autres articles par la généralité de lenrs termes mettait fin à tous les doutes, l'article 668, par la restriction qu'il apporte en se servant des mots « haies et fossés », peut faire renaître un doute qu'il eût été facile de faire disparaître.

### § 2. — *Faculté de faire cesser l'indivision.*

Une nouvelle faculté donnée par la loi de 1881, c'est pour le propriétaire d'une haie ou d'un fossé mitoyen de remplacer ces deux sortes de clôture par un mur sis à l'extrémité de sa propriété, et occupant la moitié de la haie ou du fossé. Ce mur lui appartiendra en toute propriété et l'on dit que le voisin ne pourra se plaindre puisque sa propriété sera protégée.

La partie de la haie subsistante sera la pleine propriété du voisin. Dans cet état de choses, l'on

peut se demander si le copropriétaire de l'ancienne
haie, après avoir détruit la moitié qui lui reste, peut venir imposer à l'autre propriétaire qui a élevé son mur,
en vertu de l'art. 663, et dans le cas où cet article est
applicable, l'obligation de lui céder la moitié de sa
nouvelle clôture. Je crois que le législateur n'a pas
prévu cette hypothèse, et qu'il faut appliquer l'article 663. Il y a là, sans doute, quelque chose d'anormal
qu'un propriétaire voulant échapper à une indivision,
en vertu de ce principe que nul n'est obligé de rester
dans l'indivision (principe consacré par la nouvelle loi),
retombe de par la loi dans cette indivision forcée.

Autrefois, cette doctrine aurait pu ne pas paraître
étrange, à l'époque où l'on soutenait qu'il y avait dans la
mitoyenneté une indivision d'une nature spéciale et
nécessaire. Mais depuis que la loi de 1881 acceptant
ce principe, « que l'intérêt est la mesure des actions »,
applique cette règle : « nul n'est tenu de rester dans
l'indivision », il est regrettable que le législateur n'ait
pas formellement excepté de la règle exorbitante de
l'article 663, la clôture faite en mur qu'il autorisait.
En ne faisant pas cette exception, il restreint l'application d'une règle qu'il regarde comme bienfaisante,
puisque l'avantage d'un propriétaire peut devenir pour
lui en certaines hypothèses une cause de perte. L'article 668 (nouveau) fait une exception pour les fossés
qui servent à autre chose *qu'à la clôture*. Le rapport de
la commission entend ce mot : de la clôture, dans le sens
« *qui sert habituellement à l'écoulement des eaux* ».
L'article ne reflète aucunement cette opinion, et la généralité de ses termes semble autoriser son application
alors même que le voisin qui voudrait établir un mur

proposerait de faire écouler les eaux dans un sens différent. Là encore, il y a source à de nombreuses controverses selon que l'on s'en tiendra au texte même ou que l'on cherchera plus ou moins l'intention du législateur.

On a dit (1) que l'esprit du nouvel article 668 est de donner au propriétaire voisin le moyen d'étendre la culture jusqu'à l'extrême limite de ses héritages e$^t$ que ce motif doit faire appliquer la règle quelle que soit la destination du fossé, du moment où sa suppression ne doit causer aucun préjudice à l'héritage du voisin. Cette règle interprétative me paraît aller plus loin que le texte lui-même, et j'hésite à la suivre là. Je crois qu'il faut interpréter le paragraphe 3 de l'article 668, uniquement par les termes de l'article 667 ; et cela, de quelque endroit que viennent les eaux, du moment qu'avant et après, le fossé servira à l'écoulement des eaux.

Les mots « sert habituellement » ont trait au passé, au présent et à l'avenir. Si donc le propriétaire qui veut obtenir un mur de clôture avait mis à sec antérieurement le fossé et produit l'écoulement des eaux d'un autre côté, l'on ne pourrait plus dire que le fossé *sert habituellement*, ce qui n'est plus le terme même de l'article. Et alors il pourrait construire le mur à la limite de sa propriété puisque ce fossé ne servirait que comme clôture.

1. Laborde. loco. cit.

### 3. — *De la faculté de se contraindre réciproquement à une clôture.*

Nous avons critiqué l'article 663 comme portant atteinte au droit de propriété et nous avons dit qu'il était à souhaiter qu'il disparût de notre législation. L'article cependant est écrit dans la loi et peut être exécuté. Comme il soulève certaines difficultés, il importe de l'étudier et de le commenter.

Nous avons dit que cet article n'était aucunement une règle d'intérêt public. La cour de Rouen, dans son arrêt du 24 février 1844, avait donné cette interprétation et la doctrine du conseil d'État y était conforme, Fenet, II, tom. II, 265-267. Comme conséquence de cette idée admise par quelques arrêts, certains auteurs se sont demandé si l'on ne pouvait pas renoncer à l'obligation de la clôture qui est imposée dans le code civil.

Il leur a été répondu que les voisins ne pouvaient pas plus renoncer à leurs clôtures in futurum qu'ils ne pourraient renoncer au bornage ou au droit de cesser l'indivision. Le principe de cette objection, c'est toujours l'idée de la protection de l'ordre public dont s'inspire l'article 663. Elle porte à mon avis au delà de ces termes mêmes l'explication de l'article 663.

Chacun peut contraindre son voisin, dans les villes et faubourgs, à contribuer aux constructions et séparations de la clôture faisant séparation de leurs maisons, cours et jardins assis ès dites villes et faubourgs : la hauteur de la clôture sera fixée suivant les règlements particuliers ou les usages constants et reconnus ; et, à défaut d'usage et de règlements, tout mur de séparation entre voisins, qui sera construit ou rétabli à l'avenir, doit avoir au moins trente-deux décimètres (dix pieds) de hauteur, compris le chaperon, dans les villes de cinquante mille âmes et au-dessus, et vingt-six décimètres (huit pieds) dans les autres.

On ne voit nullement en effet qu'il y soit dit, que nul ne peut d'un commun accord renoncer à cette propriété et quant à la règle que l'on peut déroger par des conventions particulières aux lois qui intéressent l'ordre public (article 6, 686, 1134), il ne faut pas l'étendre à des mesures qui ne portent pas d'une façon positive le caractère de mesure de sûreté générale. La mesure de police ou la mesure d'intérêt public est, si je puis m'exprimer ainsi, un remède de maladie et il ne faut l'administrer que dans des cas où le médecin, je veux dire le législateur, l'a spécialement et formellement indiqué, et ici ce n'est plus le cas.

Si les voisins n'ont point renoncé à la faculté de se contraindre, l'on peut se demander quelle est la portée de la contrainte qu'ils peuvent s'imposer l'un à l'autre. La jurisprudence de la cour de cassation indique que la faculté pour l'un des voisins de se soustraire aux frais d'une clôture en abandonnant le terrain nécessaire pour la construction du mur et l'on invoque l'article 656 qui permet à un copropriétaire de se soustraire aux séparations du mur mitoyen en abandonnant sa mitoyenneté. (Fenet, tome II, p. 117, 11, p. 266.) J'avoue qu'en mettant de côté les travaux préparatoires qui ne paraissent pas éclairer la matière d'une façon suffisante, bien qu'ils aient été invoqués dans les deux systèmes (Demolombe, 379). Il reste comme difficulté la question de savoir si le terme de l'article 663 est à tel point décisif que l'article 656 n'y puisse déroger. Je n'hésite pas à me rallier à ce dernier système, bien qu'il me paraisse mauvais à tous les points de vue. C'est le texte formel de la loi, et jusqu'à ce que le législateur l'ait modifiée, nul ne peut s'y soustraire. L'article 663 porte la faculté de contraindre le voisin à contribuer aux constructions et séparations. La contribution aux séparations est une question d'argent, la contribution aux constructions est à la fois une contribution pécuniaire et en même temps foncière. Abandonner son terrain, ce serait ne remplir qu'une des conditions exigées par la loi et par conséquent violer le texte de l'article 663. Il y a toutefois une opinion que j'émettrais, c'est qu'un voisin pourrait, en payant une somme représentative de la valeur du terrain nécessaire pour la mitoyenneté du mur et une somme représentative de sa part dans la construction, se dégrever de la charge d'établir la clôture pour moitié sur son fond (Cass. 5 décembre 1823. — D. 1823, I, 100.)

Une question délicate est celle de savoir si, lorsque deux terrains ne sont pas au même niveau, le propriétaire qui use du droit de l'article 663 doit contribuer seul aux travaux extraordinaires qui peuvent être nécessaires, par exemple : à la création de murs de soutien nécessaires, pour tenir les terres. Je crois qu'il faut admettre la négative, c'est une conséquence directe du droit exorbitant de notre article, sous cette réserve, toutefois, que si le mur supérieur est fait dans des conditions anormales, le propriétaire qui a exigé son établissement devrait prendre à son compte les frais extraordinaires qu'il a occasionnés.

Une question, qui se rattache à la solution que nous

avons donnée, à savoir que l'abandon de la portion de terrain n'est pas permise dans notre article, est celle de savoir, si un voisin qui aurait construit un mur en entier et à ses frais, pourrait obliger l'autre à lui payer la moitié de ce mur. Une réponse négative est certaine de la part de ceux qui soutiennent que l'abandon est permis. M. Demolombe, qui refuse cette faculté d'abandon, soutient, sauf deux restrictions, l'une ayant trait aux matériaux employés pour la construction, l'autre à la vente de la moitié du sol, l'affirmative. Le voisin qui construit sur son sol est, dit-il, le négotiorum gestor du propriétaire qui n'a pas construit et il serait étrange qu'ayant construit, il ne pût se faire rembourser du voisin, puisqu'en démolissant son mur, il pourrait le mettre à nouveau dans l'obligation de construire. Il faut s'entendre sur ces deux arguments. Ou le voisin est en effet negotiorum gestor, ou bien il ne l'est pas. J'avoue qu'ici je cherche d'où peut lui venir ce titre, je vois un homme qui a usé d'un droit de propriété, et qui n'a pas usé d'une faculté que la loi lui donnait : je trouve singulier qu'il vienne dire que dans ces conditions il a été mon intendant. S'il est vraiment un negotiorum gestor, que devient l'argument qui m'oblige à le payer « parce qu'en démolissant le mur il peut me contraindre à en reconstruire un autre à frais communs. Il ne manquerait plus que d'ajouter comme argument décisif au premier, que je devrais aussi contribuer aux frais qu'ont entraînés ces démolitions luxueuses qui m'ont obligé à payer la moitié du nouveau mur. La négative, même dans le système qui repousse la doctrine de l'abandon, me paraît devoir être soutenue. L'article 663 m'autorise à contraindre mon

voisin à contribuer aux constructions de la clôture
commune et nullement à le forcer de m'en payer une
moitié. L'article 663 édicte qu'une seule obligation
pour mon voisin. Le principe de la jouissance de
la propriété est un principe supérieur, et m'autorise
à mettre un mur de clôture sur la limite extrême de
ma propriété. Pour ceux même qui voient dans l'article
une mesure de sûreté publique, le vœu de la loi est
satisfait, et pour les auteurs qui ne reconnaissent pas
ce caractère, la construction de la clôture implique
la renonciation au droit de l'article 663. Le propriétaire, en construisant, a réglé sa situation, et il ne peut
revenir sur cette position qu'il s'est faite. (Paris, 15
juillet 1864. — S. 1864. 2. 221).

La distinction entre les villes et les faubourgs soulève
aussi des difficultés. C'est aux tribunaux judiciaires
qu'il appartient de décider de cette question. Quelques
auteurs cependant ont soutenu que la distinction appartenait à l'autorité administrative, mais cette doctrine est aujourd'hui universellement rejetée (Rennes,
7 mars 1820. — D. P, 2. 223).

# CHAPITRE VI

## OBLIGATIONS QU'ENTRAINE LA CLOTURE

Lorsque la clôture est un mur et que ce mur se trouve à l'extrémité d'une propriété, le propriétaire est libre de l'entretenir ou de ne pas l'entretenir, que ce soit dans les villes ou dans les campagnes. Toutefois, si l'état de dégradation du mur était tel, qu'il y eût péril pour la propriété du voisin, ce dernier pourrait mettre le propriétaire en demeure d'avoir à le protéger contre ce danger éventuel.

Lorsque la clôture est mitoyenne, la loi n'a pas permis que l'un des propriétaires par négligence puisse laisser tomber sa clôture et causer ainsi un préjudice à autrui, puisque cette communauté est telle que la négligence de l'un porte préjudice à autrui. L'article 655 nous dit que l'entretien du mur mitoyen est à la charge de tous ceux qui y ont droit: par conséquent chaque propriétaire aura contre l'autre une action pour l'obliger à concourir aux travaux nécessaires à son entretien. Le seul moyen de se soustraire à cet état de choses, c'est, pour les murs, d'abandonner le droit de mitoyenneté, le terrain et le mur, sous condition toutefois que le mur ne soutienne pas un bâtiment.

Cette solution de l'article 656 est parfaitement équitable, car la source de l'obligation est le fait de la possession, c'est-à-dire que les propriétaires sont tenus *propter rem.*

Un arrêt de cassation du 16 décembre 1863 (S. 1864 I. 33) donne parfaitement à ce sujet la véritable interprétation.— « Attendu en droit, que d'après l'art. 666 code Nap. tout copropriétaire d'un mur mitoyen peut se dispenser de contribuer aux réparations et aux reconstructions en abandonnant le droit de mitoyenneté, pourvu que le mur mitoyen ne soutienne pas un bâtiment qui appartienne ; — Attendu que cette dernière disposition est impérative et absolue, et que, notamment, son effet ne saurait être modifié par cette circonstance que le propriétaire de la maison soutenue par le mur mitoyen, en faisant, dans l'espèce, l'abandon de son droit de mitoyenneté, aurait pris en même temps, vis-à-vis du voisin copropriétaire du mur mitoyen, l'engagement de démolir cette maison, puisque tant que cette démolition n'a pas eu lieu, le fait matériel péremptoirement exclusif, d'après la loi citée, du droit d'abandon, continue à subsister avec ses conséquences ; que ce n'est donc et que ce ne peut être qu'après la démolition réellement effectuée que ce droit peut être légitimement exercé.

L'abandon de la mitoyenneté peut être total ou partiel, — car le droit de mitoyenneté est essentiellement divisible. Ce point était cependant controversé par les auteurs et par des décisions diverses de la jurisprudence. La Cour de cassation, le 3 avril 1865, a rendu un arrêt fort bien motivé qui établit d'une façon fort nette l'interprétation que l'on doit donner aux textes.

« Attendu, en droit, que le même arrêt déclare, d'une manière générale et absolue, que, d'après l'art. 656, C. Nap., le copropriétaire d'un mur mitoyen ne peut faire l'abandon de son droit de mitoyenneté que sous la condition que cet abandon portera sur la totalité du mur ; — Mais attendu que l'art. 661, même code, dispose que le propriétaire joignant un mur a la faculté de le rendre mitoyen, en remboursant au maître du mur la moitié de sa valeur. ou la moitié de la portion qu'il veut rendre mitoyenne, et la moitié de la valeur du sol sur lequel le mur est bâti ; — D'où il suit que le droit de mitoyenneté est essentiellement divisible en ce sens qu'il peut également porter sur la totalité du mur ou seulement sur une portion de ce mur ; — Attendu que l'on ne saurait admettre que cette condition de divisibilité puisse cesser d'exister, lorsque, en vertu des art. 655 et 656, c. Nap., le copropriétaire du mur mitoyen veut se dispenser de contribuer aux réparations et reconstructions en abandonnant son droit de mitoyenneté ; — Que, dans les cas, en effet, soit qu'il s'agisse de l'acquisition de ce droit conformément à l'art. 661, soit qu'il s'agisse de son abandon conformément à l'art. 656, le droit ne change pas de nature : qu'il peut et doit, dès lors, être exercé dans les mêmes termes ; que, particulièrement, il n'y a pas à distinguer entre ses effets légaux ; — De tout quoi il résulte qu'en jugeant autrement et en condamnant, en l'état des faits, les consorts Ogier, demandeurs, à abandonner leur droit de mitoyenneté même sur la portion du mur qui avait été l'objet de leurs réserves, la cour impériale de Besançon a faussement appliqué et, par suite, violé l'art. 656, c. Nap., ci-dessus visé ; — Cass. 3 avril 1865. — S. 1865, I. 159).

Une fois l'abandon fait, comme la cause de l'acquisition pour le propriétaire voisin est l'intention pour
l'abandonnant de se soustraire aux obligations de réparations, il faut admettre que celui-ci ne pourrait pas
démolir le mur pour s'approprier et les matériaux et
le terrain sur lequel il reposait, quoiqu'il paraisse à première vue avoir ce droit en vertu de sa qualité de propriétaire. Il faut admettre aussi que l'abandonnant
pourrait user du droit que lui confère l'article 1184 —
faire révoquer le contrat, et reprendre les matériaux,
si l'abandonnataire négligeait d'entretenir le mur —
c'est la condition tacite de l'abandon qui lui est fait.

La faculté d'abandon étant réciproque il peut se
faire qu'elle soit destructive de la clôture. Cela se pro-
duirait si la proposition d'abandon recevait une réponse semblable. L'on partagera les matériaux et
chacun prendra la moitié de son sol.

Le code ne disait rien quant aux haies, et la question
se posait en jurisprudence de savoir s'il fallait les assimiler aux murs. L'article 667 nouveau supprime
toute controverse sur ce point. Tandis que le fossé
mitoyen seul autrefois devait être entretenu à frais
commun, aujourd'hui, la clôture mitoyenne (et le
mot a ici un sens général) doit être entretenue à frais
commun. (Nancy, 7 février 1875. — S. 1875. 2. 224.)

La majorité des auteurs soutenait que l'abandon
prévu pour les murs était applicable aux haies et aux
fossés, mais dans le silence des textes, l'opinion contraire était plausible. Le nouvel article 667 généra-
lise la règle, sauf le cas *où le fossé sert habituellement
à l'écoulement des eaux*. Ces derniers mots pourraient
soulever quelques doutes et l'on pourrait soutenir que

tout fossé traversé par un courant empêche l'abandon.
Il faut, je crois, faire cette distinction entre les eaux
qui proviennent d'un fonds étranger et celles qui viennent du fonds du propriétaire qui veut se décharger
de l'entretien. Dans ce dernier cas, le propriétaire ne
pourrait faire l'abandon, car il imposerait une servitude à la propriété d'autrui. Cette règle toutefois peut
céder devant la volonté des parties, mais alors nous
ne sommes plus dans l'hypothèse d'un abandon mais
dans celui d'une vente avec charge de servitude soumise à d'autres règles.

La clôture exige le respect de la propriété d'autrui
et l'on peut se demander si je puis placer la clôture à
l'extrémité de ma propriété en toute hypothèse. Pour
le mur, cela ne peut faire aucun doute, et cependant
la jurisprudence a eu à se prononcer sur ce point :

Le Tribunal d'Évreux, le 19 février 1881, (S. 1881. 2.
247) a réformé le jugement du juge de paix qui, en
invoquant l'article 20 du recueil des usages locaux
de l'Eure, avait décidé qu'un propriétaire n'avait pas le
droit d'édifier un mur de clôture à l'extrémité de son
terrain.

« Le Tribunal; — Attendu, en ce qui touche l'usage
d'après lequel celui qui construit sur son héritage un
mur non mitoyen laisse une distance de cinquante
centimètres entre son mur et le fonds voisin, que
l'art. 661, c. civ., en édictant que tout propriétaire joignant un mur a la faculté de le rendre mitoyen, a dis-
posé implicitement, mais formellement, que tout propriétaire a le droit d'édifier un mur de clôture
sur le bord extrême de son terrain. Par ces motifs ;—
Réforme, » etc.

Pour les fossés, la pratique journalière a reconnu qu'il était impossible de l'établir sans prendre certaines précautions. De là, certaines pratiques coutumières qui existaient autrefois. On s'est demandé si le code civil a mis fin à ces obligations ou si au contraire il les a respectées.

La jurisprudence admet qu'il faut en tenir compte en s'appuyant sur l'article 544 qui ne permet au propriétaire de disposer de sa chose que sous cette condition, qu'il n'en fera pas un usage prohibé par les lois ou par les règlements. Cette doctrine me paraît la seule conforme au droit de propriété (Caen, 14 juillet 1825, D. 1826, II. 202. — Cass., 22 février 1827, S. 1821, I. 136. — Cass., 3 juillet 1849, S. 1849, I. 624).

Le terrain ainsi laissé du côté du voisin s'appelle « franc bord ou repare ». Il est prescriptible au même titre que la clôture et ferait partie de l'abandon du droit de mitoyenneté dans le cas où le voisin userait de cette faculté. M. Demolombe cependant se refuse à aller jusque-là, mais sans en donner la raison (Demolombe, *Servitudes*, 465).

Les haies ne peuvent, pour la même raison, être plantées à la limite de la propriété, et il faut s'en rapporter aux usages, aux textes de l'article 671 nouveau.

La loi de 1881 apporte une innovation quant à la distinction des plantes qui peuvent servir de clôture. La distinction du code entre arbres à hautes tiges et autres, rendait certaines interprétations difficiles ; il suffit de citer pour cela l'arrêt de la cour de cassation du 25 mai 1853 rendu toutes chambre réunies (1). Aujourd'hui, sauf les usages locaux respectés, la question de

(1) *Appendice*, n° 6.

distance à laquelle une haie doit être plantée, dépend de la question de hauteur à laquelle elle est entretenue.

Le droit que possède un voisin de contraindre l'autre à rester dans ces obligations peut céder devant le titre, la destination du père de famille ou la prescription trentenaire, mais la mort de certains arbres, ou le fait de les arracher prive le propriétaire du droit de les remettre au même endroit et l'oblige à respecter les distances légales (Cass., 24 mai 1864. — S. 1864, I. 411 ; — Cass., 31 juillet 1865. — S. 1865, I. 369).

Quelques auteurs et notamment M. Demolombe (n° 501) distinguent encore dans cette situation entre les arbres plantés en avenues, ou les arbres isolés.

# CHAPITRE VII

## DES EFFETS QUE PRODUIT LA CLOTURE

La clôture en donnant à la propriété rurale privée un caractère pour ainsi dire plus particulier, la soustrait à certaines mesures générales de police rurale ayant pour but le maintien du bon ordre et la protection des intérêts privés (L. de 1791, titre I, sect. 5, art. I). Dans les pays vignobles, les maires ont le droit de proclamer ce que l'on appelle le ban des vendanges. Le fait d'enclore sa propriété fait échapper le propriétaire à la réglementation établie par cet arrêté municipal.

Les mines (l. 26 avril 1810, art. 11), à cause du caractère spécial et des travaux qu'elles exigent sous le sol, sont soumises également à une législation spéciale. Le fait d'avoir enclos sa propriété de murs interdit au cessionnaire de la mine de faire des puits ou des fouilles, sauf le cas de nécessité et moyennant dommages et intérêts, dans un certain rayon du terrain entouré de clôtures.

« Nulle permission de recherches ni concession de mines ne pourra sans le consentement formel du propriétaire de la surface, donner le droit de faire des sondes et d'ouvrir des puits ou galeries, ni celui d'établir des machines ou magasins dans les enclos murés, cours ou jardins, ni dans les terrains attenant aux habitations ou clôtures murées dans la distance de cent mètres desdites clôtures ou des habitations. »

Le fait de la clôture exige encore une intervention spéciale et la présence du juge de paix lorsqu'il s'agit d'une perquisition à faire. La clôture met un obstacle au droit qui est conféré, par l'article 161 du code forestier, au garde. L'on sait que la loi des 15-29 septembre 1791 les autorise à suivre en quelque lieu qu'il soit transporté, le bois volé dans les forêts. Mais le caractère de clôture d'un lieu les oblige à se faire assister par l'autorité municipale et judiciaire pour y pénétrer.

La clôture, en vertu de la loi du 23 thermidor an IV, soustrait au glanage, même dans les cas où la loi l'autorise, le terrain enclos.

Au point de vue pénal, le fait de commettre un délit dans un endroit clos, accroît généralement la peine, et dans l'opinion de beaucoup de criminalistes, doit rendre plus sévère l'appréciation du juge dans les cas même où il n'y a pas eu d'efforts tentés contre la clôture : c'est le fait de la violation de clôture qui n'est pas réprimé directement par la loi.

La clôture peut être à l'inverse une cause d'adoucissement dans la peine. C'est ce que nous apprend l'article 322 C. P. Il rend excusable celui qui tue ou blesse son semblable, si celui-ci a escaladé ou fracturé les clôtures de l'immeuble dans lequel se trouvait celui qui a donné la mort.

# CHAPITRE VIII

## DES ENTRAVES QUE RENCONTRE LE DROIT DE CLÔTURE

L'ancien droit seigneurial de chasse était un des obstacles les plus graves au droit qu'ont les propriétaires de se clore. Cette prohibition qui, aujourd'hui, choque nos mœurs, peut s'expliquer historiquement par l'organisation de la propriété foncière en France à partir des IX° et X° siècles. Il a disparu avec la suppression de l'organisation féodale et aujourd'hui nul n'a le droit de chasser chez autrui, et par conséquent de l'empêcher de clore sa propriété. Par contre, la clôture établit, au contraire, en faveur du propriétaire, un droit de chasse chez lui en tout temps, et par tout moyen, à condition que son héritage soit clos et que le gibier se trouve dans l'intérieur de cet héritage.

Les droits de parcours et de vaine pâture apportaient une entrave à la liberté de se clore, aujourd'hui il n'en est plus ainsi, et ce sont les dispositions de la loi des 26 septembre, 6 octobre 1791, qui décident de cette matière (titre 1, section 4, articles 2, 3, 4, 5, 7, 8 et 11).

Le droit de vaine pâture n'est pas un obstacle au droit de se clore. Des questions qui ont longtemps embarrassé les auteurs, mais dont l'intérêt a bien diminué, sont celles relatives à la vaine pâture. Merlin dans son *Répertoire* nous montre que la vaine pâture, purement précaire dans les pays de droit écrit, avait des caractères divers dans les pays de coutume. Tantôt elles avaient un caractère de servitude, tantôt celui d'un usage purement facultatif. Chaque coutume apportait ses distinctions, et cette variété dans les usages était la cause d'arrêts nombreux et de questions aussi difficiles que fréquentes. Le législateur de 1791 a proclamé des règles nouvelles sur la vaine pâture. La contexture de la loi fait naître un grand nombre de questions, selon que l'on interprète les articles d'après leur corrélation les uns avec les autres ou au contraire en les prenant chacun isolément. Il est regrettable, en effet, que le législateur n'ait pas formulé par quelques sections diverses les règles qu'il traçait à nouveau.

Dans la section quatrième du titre premier, il y a, si je puis m'exprimer ainsi, trois catégories relatives au sujet qui nous occupe :

1° Le règlement de la servitude de parcours et vaine pâture de paroisse à paroisse, lorsqu'elle est établie sur un titre ou une possession absolue de cette servitude. Et dans le cas où elle peut s'appliquer, obligation pour ceux qui en profitent de se soumettre aux restrictions indiquées dans la présente section. La seule restriction que je trouve est celle de l'article 6 et de l'article 17, qui permet de restreindre, même dans le cas où le droit serait fondé sur un titre, par des clôtures dont les conditions sont prévues à l'article 6, le droit de parcours des paroisses voisines. L'article 3 soumet aux mêmes réserves le simple droit de vaine pâture. En résumé, le droit de parcours et de vaine pâture est supprimé en général ; par exception, il continue, d'exister lorsqu'il est fondé sur un titre, une possession autorisée par les lois ou un usage local immémorial. Mais cette faculté laissée comme à regret, dans l'un et l'autre cas, subira les restrictions imposées à la section.

2° A la suite de ces deux articles, se trouve proclamée comme un droit incontestable la faculté de se clore, qui vient restreindre le droit de parcours et de vaine pâture. La clôture est celle exigée par l'article 6.

3° Enfin, l'article 7 s'occupe de la vaine pâture entre particuliers.

Le mot *de même* que contient cet article a fait l'objet de controverses.

Il peut vouloir dire *également,* ou au contraire rattacher l'article 7 aux dispositions précédentes.

Dans le premier sens, on a invoqué l'article 8 qui parle des communautés et qui par là se rattacherait à l'article 5 et aux articles précédents. Il serait donc singulier, a-t-on ajouté, que l'article 7 fût isolé, pour ainsi dire, au milieu de la matière, et ne visât que les droits entre particuliers, elle est l'opinion de ceux qui veulent résoudre les questions en argumentant d'après les textes.

Toute cette discussion de mots paraît au fond fastidieuse. La lecture de la section montre que le législateur a réglé le parcours entre paroisses, posé ensuite le principe de la clôture, puis, ce principe posé, réglé la question entre particuliers. Dans cette hypothèse, il se trouvait en présence de conventions et a dû en établir le respect, c'est ce qu'il fait par ces mots, *si ce droit n'est pas fondé sur un titre.* Dans la crainte que sa règle ne rencontrât dans les décisions antérieures un obstacle, il a reproduit cette règle déjà mentionnée en l'article 4. « Toutes lois et tous usages contraires sont abolis. » Si je puis m'exprimer ainsi, l'article 7 comme l'article 4 sont des articles princi-pes. En définitive, d'après l'article 7 de la loi, vis-à-vis d'un fonds entouré de clôture, la vaine pâture fondée sur un titre est la seule qui existe.

Comme il pouvait encore s'élever une difficulté et comme le législateur voyait intérêt à faire disparaître cette vaine pâture, il a proclamé par l'article 8 le droit à son rachat. Le mot communauté qui se trouve à cet article ne vise que le droit de cantonnement pour lequel il est fait réserve. S'il se trouve placé dans cet article, c'est afin de prouver que le droit de cantonne-ment est réservé aux communautés aussi bien qu'aux particuliers, ce que quelques personnes au-raient pu mettre en doute. Ces questions qui peuvent se soulever encore à l'heure présente, puisque le code rural est encore à l'état de projet, deviennent de plus en plus rares. Le développement de la culture a fait connaître comme préjudiciable à l'agriculture cette façon de procéder (1).

Pour le droit de parcours, tous les économistes sont d'accord qu'il est absolument nuisible à l'agricul-ture. La loi de 1791 ne l'avait maintenue que *provi-soirement*. Aujourd'hui, il n'y a pas d'objections faites à sa suppression (2), et l'article 34 du projet de loi du

_______

(1) Dans beaucoup de départements, il existe une clôture symbolique, torche en paille, raie de labour, tas de pierres ou mottes dites Montjoie qui font disparaître la vaine pâture et sont respectées comme usages locaux et à peu près toutes les fois que l'intérêt commun y a poussé, l'usage a disparu.

(2) *Off.* 31 otobre 1876, p. 7877.

code rural la proclame. Il serait à souhaiter qu'il fût promptement voté. Pour la vaine pâture, en 1804, Huzart et Tissier, deux agronomes, avaient proposé franchement sa suppression. La commission consultative de Douai protesta contre cette suppression. Le Sénat de 1809 l'eût voté sans aucune difficulté. Une enquête faite en 1834 a arrêté la commission de 1854. Elle a dû tenir compte de quelques objections et n'a pas osé être aussi absolue dans son projet.

Sur 86 départements, en 1836, 11 départements avaient élevé quelques objections sur la suppression de ces usages. Encore dans certains départements, comme le Doubs, était-ce plutôt une question de sentiment : « la mesure n'y est vue qu'avec défaveur », dit le rapport. Dans les montagnes, il y avait peut-être intérêt à la maintenir, aussi le projet déclara-t-il au titre 2, art. 34 : « Le droit de parcours est aboli, la suppression de ce droit ne donne lieu à indemnité que s'il a été acquis à titre onéreux », et article 35 : le « droit de vaine pâture ne peut exister que dans les lieux où il est fondé sur une ancienne loi ou coutume, ou sur un usage local immémorial. Il s'exerce conformément aux règles et usages locaux, sans pouvoir déroger aux dispositions de l'article 647 du code civil et du suivant. » L'article 647 visé par l'article ci-dessus est celui dont le sénat a ajourné la discussion portée en l'article 682. Le propriétaire qui veut se clore perd son droit à la vaine pâture en proportion des terrains qu'il y soustrait. Le corps législatif de 1854, cependant, n'a pas hésité à abolir ces deux usages pour la Corse.

Sur la matière qui nous occupe, le nouveau projet du code rural supprime toute controverse possible relativement au droit de clôture et est conforme aux principes relatifs à la propriété tels que nous les avons exposés au commencement de cette étude ; il est donc à souhaiter qu'il soit voté tel qu'il est présenté.

Le droit de clôture rencontre encore un obstacle dans la nécessité des travaux pour la défense nationale. Les places fortes nécessaires à la défense sont divisées en un certain nombre de catégories, selon leur importance et la proximité où elles se trouvent de la frontière. Pour qu'elles puissent résister, l'on comprend qu'elles doivent avoir en avant d'elles un certain espace libre. Il a donc fallu établir une servitude militaire imposant au propriétaire voisin l'obligation de laisser libre l'organisation de la défense. La nécessité de la défense commune est une justification de cette atteinte à la propriété.

Dans la 3ᵐᵉ zone distante, selon le cas, de 974 mètres ou de 584 mètres, on peut se clore, mais il est impossible de le faire sans s'être concerté avec l'autorité militaire.

Dans la 2ᵐᵉ zone distante de 487 mètres, nulle clôture en pierres ne peut être élevée.

Dans la 1ʳᵉ zône à 250 mètres, les haies vives, les constructions sont interdites et sont autorisées seulement sous les formes prévues, les clôtures en haies sèches ou en bois à jour.

Il faut dire que pour une place de guerre, nouvellement classée, les servitudes imposées ne peuvent porter atteinte aux clôtures anciennes, mais elles empêchent d'en construire de nouvelles en dehors des règlements prévus (1791, art. 53, 1853, art. 38).

La nécessité de faciliter le commerce par voie d'eau

a déterminé depuis longtemps le législateur à maintenir de chaque côté de la rivière un espace libre pour le hallage des bateaux. Ce n'est pas une expropiation, comme l'a fort bien jugé la cour de Toulouse le 19 janvier 1825 et le conseil d'État le 26 août 1818 ; mais une servitude légale imposée aux propriétés riveraines. L'exercice du droit de clôture se trouve limité par cette servitude de telle façon que le propriétaire ne peut se clore, que sous réserve de laisser un espace libre déterminé par la loi. Pour les rivières où la navigation s'établit à partir du décret de 1808, ils doivent recevoir une indemnité pour l'établissement du chemin de hallage, et elle est réglée par voie administrative. (Conseil d'État, 25 août 1835.)

Tant que la rivière est navigable, cette servitude s'impose, alors même que, par un acte de tolérance, l'administration a accepté la réduction dans la largeur du chemin de hallage, et tolère la construction de clôture. En cas de nécessité, ces dernières peuvent être détruites sans indemnité.

Il faut donner la même solution pour le marchepied qui se trouve du côté opposé de la rivière.

La loi de 1791, art. 41, porte encore atteinte à la clôture en ce sens que si le chemin public limitrophe à la propriété close est impraticable, on a le droit de se faire un passage à travers la clôture du champ voisin. La jurisprudence et les auteurs reconnaissent que l'art. 41, quant à cette disposition, est toujours en vigueur (D. 1845. I. 280.)

La cour de cassation, dans un second arrêt, s'est prononcée dans le même sens, mais hors le cas de non-viabilité, il est certain qu'il est interdit d'agir ainsi et qu'il y aurait lieu à répression pour le fait de déclore un champ voisin afin de passer.

Une difficulté toutefois peut être soulevée. Elle tient à ce que la loi de 1791 donne au juge de paix le droit de trancher la question. Comme il y a eu bris de clôture, on peut se demander si le tribunal correctionnel ne pourra décider la question de savoir si le chemin était praticable ou non. La règle que le juge de l'action est le juge de l'exception me paraît devoir guider dans la solution de cette question.

# CHAPITRE IX

## DE LA PROTECTION DE LA CLÔTURE

La clôture doit être protégée comme la propriété.
C'est une tradition que les peuples se sont transmise, et
dans les législations les plus anciennes on voit punir
les faits de l'homme qui portent atteinte à la clôture.
A bien analyser les choses, il peut y avoir plusieurs
atteintes portées à la clôture, ainsi le vol de la clôture
elle-même, la destruction de la clôture, totale ou partielle, la dégradation de cette clôture, et enfin l'inten_
tion de s'approprier le terrain du voisin par suite de
cette suppression de la clôture.

Les législations anciennes ne s'occupaient point de
la clôture proprement dite et toute destruction de clôture emportait avec elle une présomption de vol.
(*Deuteronome*, c. 19. vers. 14). La législation romaine
distinguait entre le vol de la propriété et le dommage
apporté à la clôture. Les coutumes françaises variaient
à l'infini au point de vue de la répression de ces délits
(D. 47, 21, 1. 1, 2. 3. Ménochius, *De arbitrio quæst.*
5.393-15.59. Jousse, *Justice criminelle*, 3, p. 327. de
Vonglam, 1. crim., p. 313).

La loi de 1791, en organisant le régime de la propriété, a distingué le double fait de la destruction de la
clôture et de sa dégradation. L'art. 17 de la loi de 1791

punit la dégradation, elle punissait aussi le fait de la destruction.

Le législateur du code pénal, dans son œuvre d'organisation pour assurer la protection des personnes et des propriétés, s'est occupé de la clôture. Laissant de côté la question de savoir s'il y avait intention ou non de s'approprier le bien d'autrui, il a réglé seulement ce qui concernait la destruction partielle ou totale de la clôture.

L'art. 456 du code pénal est un texte général, et, quel que soit le motif qui ait amené la destruction, simple intention de nuire ou désir de voler, il doit être appliqué. Toutefois si, en fait, il était évident que l'intention de vol était la cause évidente de la destruction de la clôture, on devrait poursuivre du chef de vol et non pour bris de clôture. On s'est demandé quelle portée il fallait donner au mot clôture. Quelques auteurs ont pensé (Chauveau et Faustin Hélie) que l'art. 256 est une reproduction des art. de la loi de 1791. Ils ont dit que par conséquent c'était étendre à tort l'application de cet article, que de punir les atteintes portées à la clôture dans les villes. On a dit : Comment soutenir que, par copie de textes, le législateur ait réglé les pénalités pour une clôture que ce texte ne prévoyait pas. Et l'on ajouta que l'art. 390 d'une part et l'art. 456 de l'autre avaient chacun un sens spécial.

Ces motifs, que de graves auteurs acceptent, me paraissent cependant prêter le flanc à la critique. On a copié peut-être les textes de 1791, mais il n'est pas exact de dire que, par une copie, on ait institué des pénalités nouvelles. Le législateur de 1810 trouvant une bonne formule dans l'ancienne loi pouvait la reproduire. Mais il ne résultait pas de là qu'il modifiait l'organisation de la loi qu'il voulait promulguer. Or le titre 2ᵐᵉ du code pénal, dans le chapitre deuxième, punit tous les crimes et délits contre les propriétés sans distinguer leur situation. Il aurait peut-être mieux fait de prendre une formule plus générale ; mais il semble que le mot « détruit les clôtures de quelques matériaux qu'elles soient faites » est assez général pour comprendre toute autre clôture. Quant à voir dans l'art. 390 un argument en faveur du système qui refuse d'étendre aux clôtures urbaines l'application de l'art. 450, c'est le déplacer singulièrement de la section à laquelle il appartient.

L'art. 390 explique ce qu'il faut entendre par maison habitée et les effractions qui peuvent se produire et il les punit d'une peine spéciale.

La jurisprudence a décidé que le forcement d'une porte à l'aide d'un instrument ou que le jet d'une pierre contre une vitre était une destruction de clôture. Sur ce point, elle me paraît avoir dépassé le texte de la loi. Il y a là une dégradation, mais il n'y a pas vraiment destruction de clôture. J'irai plus loin encore, et je dirai que ce fait punissable, au cas de clôture rurale, échappait dans les villes à la juridiction de répression.

La jurisprudence a donc raison en appliquant aux clôtures de tous héritages urbains et ruraux, l'art. 456. Mais il faut avoir soin de le limiter uniquement à la destruction de clôture.

La dégradation de la clôture a-t-elle été réglée par le législateur du code pénal ou bien faut-il appliquer la loi de 1791 ? Je n'hésite pas à me prononcer dans ce der-

nier sens. Le législateur en ne reproduisant pas la distinction de la loi de 1791 a laissé de côté la dégradation
de la propriété rurale. En assurant d'une façon générale le respect de cette propriété, il a laissé aux lois
spéciales la répression des délits d'une importance
beaucoup moindre et qui ne produisaient pas une menace de troubles sérieux pour la société. Pour ceux qui
rapprochent l'art. 383 et 396 ils pourraient dire peut-être
que la dégradation se trouve comprise dans l'art. 456,
puisque l'art. 383 en parle au même titre, mais cet argument, s'il se présentait, aurait peu de valeur, l'article
383 ne punissant pas le fait unique de la destruction de
clôture. La destruction partielle dont parle l'article ne
ferait-elle point double emploi avec la dégradation ?
Il paraît difficile de le soutenir, à moins de donner aux
mots un sens qu'ils n'ont point d'habitude et l'on comprend fort bien la dégradation en dehors de la destruction partielle.

Pour qu'il y ait délit contre la clôture, il ne suffit pas
qu'il y ait un délit matériel, il faut l'intention de nuire
à autrui et la connaissance que la clôture ne vous appartient pas. C'est en raison de cette doctrine qu'il a été
jugé que le fermier qui détruit une clôture appartenant
à autrui, lorsqu'il croit de bonne foi qu'elle dépend de sa
tenure, n'a point commis de délit; et par contre, que le
mari séparé de biens avec sa femme qui brise mécham-
ment la clôture de la maison où habite cette dernière
et dont il n'a ni la propriété, ni l'usufruit, ni l'admi_
nistration, comme est le délit de bris de clôture (Cass. 5
fév. 1853, S. 1853. I. 660).

Depuis la loi de 1810 ce sont les tribunaux de police
correctionnelle qui sont juges des délits contre la clô-

ture. Il faudrait toutefois dans la doctrine qui admet que la loi de 1791 est seule applicable pour les dégradations des clôtures donner la compétence en cette matière aux tribunaux de simple police.

Si ces dégradations se produisent dans les villes, il faut reconnaître qu'elles échappent à cette juridiction comme à toute répression, la seule sanction sera de la part du propriétaire dont l'immeuble est dégradé une action en dommages et intérêts qui sera portée devant la juridiction compétente, selon la valeur de la demande.

# APPENDICE

----

## § 1er

### *Loi des* 28 *septembre* et 6 *octobre* 1791

#### TITRE 1. SECT. 4. ART. 2 à 18

2. La servitude réciproque de paroisse à paroisse, connue sous le nom de parcours et qui entraîne avec elle le droit de vaine pâture, continuera provisoirement d'avoir lieu avec les restrictions déterminées à la présente section, lorsque cette servitude sera fondée sur un titre ou sur une possession autorisée par les lois et les coutumes ; à tous autres égards, elle est abolie.

3. Le droit de vaine pâture dans une paroisse, accompagné ou non de la servitude du parcours, ne pourra exister que dans des lieux où il est fondé sur un titre particulier, ou autorisé par la loi ou par un usage local immémorial, et à la charge que la vaine pâture n'y sera exercée que conformément aux règles et usages locaux qui ne contrarieront point les réserves portées dans les articles suivants de la présente section.

4. Le droit de clore et de déclore ses héritages résulte essentiellement de celui de propriété, et ne peut être contesté à aucun propriétaire. L'Assemblée

nationale abroge toutes les lois et coutumes qui peuvent contrarier ce droit.

5. Le droit de parcours et le droit simple de vaine pâture ne pourront, en aucun cas, empêcher les pro‑priétaires de clore leurs héritages ; et tout le temps qu'un héritages sera clos de la manière qui sera déter‑minée par l'article suivant, il ne pourra être assujetti ni à l'un ni à l'autre ci‑dessus.

6. L'héritage sera réputé clos, lorsqu'il sera en‑touré d'un mur de quatre pieds de hauteur, avec bar‑rière ou porte, ou lorsqu'il sera exactement fermé et entouré de palissades ou de treillages ou d'une haie vive ou d'une haie sèche, faite avec des pieux ou cor‑delée avec des branches, ou de toute autre manière de faire les haies en usage dans chaque localité, ou enfin d'un fossé de quatre pieds de profondeur.

7. La clôture affranchira de même du droit de vaine pâture réciproque ou non réciproque entre parti‑culiers, si ce droit n'est pas fondé sur un titre. Toutes lois et tous usages contraires sont abolis.

8. Entre particuliers, tout droit de vaine pâture fondé sur un titre, même dans les bois, sera racheta‑ble, à dire d'experts, suivant l'avantage que pourrait en retirer celui qui avait ce droit s'il n'était pas réci‑proque, ou eu égard au désavantage qu'un des pro‑priétaires aurait à perdre la réciprocité, si elle exis‑tait ; le tout sans préjudice au droit de contournement, tant pour les particuliers que pour les communautés, confirmé par l'article 8 du décret du 17, 19 et 20 sept. 1790.

9. Dans aucun cas et dans aucun temps, le droit de parcours ni celui de vaine pâture ne pourront s'exercer

sur les prairies artificielles et ne pourront avoir lieu sur aucune terre ensemencée ou couverte de quelques productions que ce soit, qu'après la récolte.

10. Partout où les prairies naturelles sont sujettes au parcours ou à la·vaine pâture, ils n'auront lieu provisoirement que dans le temps autorisé par les lois et coutumes, et jamais tant que la première herbe ne sera pas récoltée

11. Le droit dont jouit tout propriétaire de clore ses héritages, a lieu même par rapport aux prairies, dans les paroisses où, sans titre de propriété et seulement par l'usage, elles deviennent communes à tous les habitants, soit immédiatement après la récolte de la première herbe, soit dans·tout autre temps déterminé.

12. Dans les pays de parcours ou de vaine pâture soumis à l'usage du troupeau en commun, tout propriétaire ou fermier pourra renoncer à cette communauté, et faire garder, par troupau séparé, un nombre de têtes de bétail proportionné à l'étendue des terres qu'il exploitera dans la paroisse.

13. La quantité de bétail, proportionnellement à l'étendue du terrain, sera fixée dans chaque paroisse à tant de bêtes par arpent, d'après les règlements et usages locaux ; et, à défaut de documents positifs à cet égard, il y sera pourvu par le conseil général de la commune.

14. Néanmoins, tout chef de famille domicilié, qui ne sera ni propriétaire, ni fermier d'aucun des terrains sujets au parcours ou à la vaine pâture, et le propiétaire ou fermier à qui la modicité de son exploitation n'assurerait pas l'avantage qui va être déterminé, pourront mettre sur lesdits terrains soit par troupeau

séparé, soit en troupeau un commun, jusqu'au nombre de six bêtes à laine et d'une vache avec son veau, sans préjudicier aux droits desdites personnes sur les terres communales, s'il y en a dans la paroisse, et sans entendre rien innover aux lois, coutumes ou usages locaux et de temps immémorial, qui leur accorderont un plus grand avantage.

15. Les propiétaires ou fermiers exploitant des terres sur les paroisses sujettes au parcours et à la vaine pâture, et dans lesquelles ils ne seraient pas domiciliés, auront le même droit de mettre dans le troupeau commun, ou de faire garder, par troupeau séparé, une quantité de têtes de bétail, proportionnée à l'étendue de leur exploitation et suivant les dispositions de l'art. 13 de la présente section ; mais, dans aucun cas, ces propriétaires ou fermiers ne pourront céder leurs droits à d'autres.

16. Quand un propriétaire d'un pays de parcours ou de vaine pâture aura clos une partie de sa propriété, le nombre de têtes de bétail qu'il pourra continuer d'envoyer dans le troupeau commun, ou par troupeau séparé sur les terres particulières des habitants de la communauté, sera restreint proportionnellement et suivant les dispositions de l'art. 13 de la présente section.

17. La commune dont le droit de parcours sur une paroisse voisine sera restreint par des clôtures faites de la manière déterminée à l'art. 6 de cette section, ne pourra prétendre, à cet égard, à aucune espèce d'indemnité, même dans le cas où son droit serait fondé sur un titre ; mais cette communauté aura le droit de renoncer à la faculté réciproque qui résultait

de celui de parcours entre elle et la paroisse voisine ;
ce qui aura également lieu, si le droit de parcours
s'exerçait sur la propriété d'un particulier.

SECTION. 7

5. Les gardes champêtres seront âgés au moins de
vingt-cinq ans ; ils seront reconnus pour gens de bonnes mœurs, et ils seront reçus par le juge de paix ; il
leur fera prêter le serment de veiller à la conservation
de toutes les propriétés qui sont sous la foi publique, et
de toutes celles dont la garde leur aura été confiée
par l'acte de leur nomination.

8. La poursuite des délits ruraux sera faite au plus
tard dans le délai d'un mois, soit par les parties lésées,
soit par le procureur de la commune ou ses substituts,
s'il y en a, soit par des hommes de la loi commis à
cet effet par la municipalité, faute de quoi il n'y aura
pas lieu à poursuite.

TITRE 2

17. Il est défendu à toute personne de recombler
les fossés, de dégrader les clôtures, de couper des
branches des haies vives, d'enlever des bois secs des
haies sous peine d'une amende de la valeur de trois
journées de travail. Le dédommagement sera payé au
propriétaire ; et, suivant la gravité des circonstances,
la détention pourra avoir lieu, mais au plus pour un
mois.

## § II

### LOI *du* 20 août 1881.

Loi ayant pour objet le titre complémentaire du livre 1ᵉʳ du code rural, portant modification des articles du code civil relatifs à la mitoyenneté des clôtures, aux plantations et aux droits de passage en cas d'enclave.

Le Sénat et la Chambres des députés ont adopté. Le Président de la République promulgue la loi dont la teneur suit :

Article unique. — Sont modifiés ansi qu'il suit les articles 666, 667, 668, 669, 670, 671, 672, 673, 682, 683, 684, et 685 du code civil :

Art. 666. — Toute clôture qui sépare des héritages est réputée mitoyenne, à moins qu'il n'y ait qu'un seul des héritages en état de clôture, ou s'il y a titre, prescription ou marque contraire.

Pour les fossés, il y a marque de non-mitoyenneté, lorsque la levée ou le rejet de la terre se trouve d'un côté seulement du fossé.

Le fossé est censé appartenir exclusivement à celui du côté duquel le rejet se trouve.

Art. 667. — La clôture mitoyenne doit être entretenue à frais communs ; mais le voisin peut se soustraire à cette obligation en renonçant à la mitoyenneté.

Cette faculté cesse si le fossé sert habituellement à l'écoulement des eaux.

Art. 668. — Le voisin dont l'héritage joint un fossé ou une haie non mitoyens ne peut contraindre le propriétaire de ce fossé ou de cette haie à lui céder la mitoyenneté.

Le copropriétaire d'une haie mitoyenne peut la détruire jusqu'à la limite de sa propriété, à la charge de construire un mur sur cette limite.

La même règle est applicable au copropriétaire d'un fossé mitoyen qui ne sert qu'à la clôture.

Art. 669. — Tant que dure la mitoyenneté de la haie, les produits en appartiennent aux propriétaires par moitié.

Art. 670. — Les arbres qui se trouvent dans la haie mitoyenne sont mitoyens comme la haie. Les arbres plantés sur la ligne séparative de deux héritages sont aussi réputés mitoyens. Lorsqu'ils meurent ou lorsqu'ils sont coupés ou arrachés, ces arbres sont partagés par moitié. Les fruits sont recueillis à frais communs et partagés aussi par moitié, soit qu'ils tombent naturellement, soit que la chute en ait été provoquée, soit qu'ils aient été cueillis.

Chaque propriétaire a le droit d'exiger que les arbres mitoyens soient arrachés.

Art. 671. — Il n'est permis d'avoir des arbres, arbrisseaux et arbustes près de la limite de la propriété voisine qu'à la distance prescrite par les règlements particuliers actuellement existants, ou par des usages constants et reconnus, et à défaut de règlements et usages, qu'à la distance de deux mètres de la ligne séparative des deux héritages pour les plantations dont la hauteur dépasse deux mètres, et à la distance d'un demi-mètre pour les autres plantations.

Les arbres, arbustes et arbrisseaux de toute espèce peuvent être plantés en espaliers, de chaque côté du mur séparatif, sans que l'on soit tenu d'observer aucune distance, mais ils ne pourront dépasser la crête du mur.

Si le mur n'est pas mitoyen, le propriétaire seul a le droit d'y appuyer ses espaliers.

Art. 672. — Le voisin peut exiger que les arbres, arbrisseaux et arbustes plantés à une distance moindre que la distance légale, soient arrachés ou réduits à la hauteur déterminée dans l'article précédent, à moins qu'il n'y ait titre, destination du père de famille ou prescription trentenaire.

Si les arbres meurent, ou s'ils sont coupés ou arrachés, le voisin ne peut les remplacer qu'en observant les distances légales.

Art. 673. — Celui sur la propriété duquel avancent les branches des arbres du voisin peut contraindre celui-ci à les couper. Les fruits tombés naturellement de ces branches lui appartiennent.

Si ce sont les racines qui avancent sur son héritage, il a droit de les y couper lui-même. Le droit de couper les racines ou de faire couper les branches est imprescriptible.

Art. 682. — Le propriétaire dont les fonds sont enclavés et qui n'a sur la voie publique aucune issue, ou qu'une issue insuffisante pour l'exploitation, soit agricole, soit industrielle de sa propriété, peut réclamer un passage sur les fonds de ses voisins, à la charge d'une indemnité proportionnée au dommage qu'il peut occasionner.

Art. 683. — Le passage doit régulièrement être pris du côté où le trajet est le plus court du fonds enclavé à la voie publique.

Néanmoins, il doit être fixé dans l'endroit le moins dommageable à celui sur le fonds duquel il est accordé.

Art. 684. — Si l'enclave résulte de la division d'un

fonds par suite d'une vente, d'un échange, d'un partage ou de tout autre contrat, le passage ne peut être demandé que sur les terrains qui ont fait l'objet de ces actes.

Toutefois, dans le cas où un passage suffisant ne pourrait être établi sur les fonds divisés, l'article 682 serait applicable.

Art. 685. — L'assiette et le mode de servitude du passage pour cause d'enclave sont déterminés par trente ans d'usage continu. L'action en indemnité, dans le cas prévu par l'art. 682, est prescriptible, et le passage peut être continué, quoique l'action en indemnité ne soit plus recevable.

# TABLEAU COMPARATIF DES ARTICLES MODIFIÉS

| ANCIEN TEXTE | NOUVEAU TEXTE |
|---|---|
| Art. 666. — Tous fossés entre deux héritages sont présumés mitoyens s'il n'y a titre ou marque contraire. | Art. 666. — Toute clôture qui sépare des héritages est réputée mitoyenne à moins qu'il n'y ait qu'un seul des héritages en état de clôture, ou s'il y a titre, prescription ou marque contraire. |
| Art. 667. — Il y a marque de non mitoyenneté lorsque la levée ou le rejet de terre se trouve d'un côté seulement du fossé. | Pour les fossés, il y a marque de non-mitoyenneté lorsque la levée ou le rejet de la terre se trouve d'un côté seulement du fossé. |
| Art. 668. — Le fossé est censé appartenir exclusivement à celui du côté duquel le rejet se trouve. | Le fossé est censé appartenir exclusivement à celui du côté duquel le rejet se trouve. |
| Art. 670. — Toute haie qui sépare des héritages est réputée mitoyenne à moins qu'il n'y ait qu'un seul des héritages en état de clôture, ou s'il n'y a titre ou possession suffisante contraire. | |
| Art. 669. — Le fossé mitoyen doit être entretenu à frais communs. | Art. 667. — La clôture mitoyenne doit être entretenue à frais communs, mais le voisin peut se soustraire à cette obligation en renonçant à la mitoyenneté. Cette faculté cesse si le fossé sert habituellement à l'écoulement des eaux. |
| | Art. 668. — Le voisin dont l'héritage joint un fossé ou une haie non mitoyenne peut contraindre le propriétaire de ce fossé ou de cette haie à lui céder la mitoyenneté. Le copropriétaire d'une haie mitoyenne peut la détruire jusqu'à la limite de sa propriété à la charge de construire un mur sur cette limite. La même règle est applicable au copropriétaire d'un fossé mitoyen qui ne sert qu'à la clôture. |
| | Art. 669 — Tant que dure la mitoyenneté de la haie, les produits en appartiennent aux propriétaires par moitié. |

Art. 673 — Les arbres qui se trouvent dans la haie mitoyenne sont mitoyens comme la haie ; et chacun des deux propriétaires a le droit de requérir qu'ils soient abattus.

Art. 671. — Il n'est permis de planter des arbres de hautes tiges qu'à la distance prescrite par les règlements particuliers actuellement existants ou par les usages constants et reconnus ; et, à défaut de règlements et usages, qu'à la distance de deux mètres pour les arbres à haute tige et à la distance d'un demi-mètre pour les autres arbres et haies vives.

Art. 672. — Le voisin peut exiger que les arbres et haies plantés à une moindre distance soient arrachés.

Celui sur la propriété duquel avancent les branches du voisin peut contraindre celui-ci à couper ces branches.

Si ce sont les racines qui avancent sur son héritage, il a le droit de les y couper lui-même.

Art. 670. — Les arbres qui se trouvent dans la haie mitoyenne sont mitoyens comme la haie. Les arbres plantés sur la ligne séparative des deux héritages sont aussi réputés mitoyens. Lorsqu'ils meurent ou lorsqu'ils sont coupés ou arrachés, ces arbres sont partagés par moitié. Les fruits sont recueillis à frais communs et partagés aussi par moitié, soit qu'ils tombent naturellement soit que la chute en ait été provoquée, soient qu'ils aient été cueillis.

Chaque propriétaire a le droit d'exiger que les arbres mitoyens soient arrachés.

Art. 671. — Il n'est permis d'avoir des arbres, arbrisseaux et arbustes près de la limite de la propriété voisine qu'à la distance prescrite par les règlements particuliers actuellement existants ou par des usages constants et reconnus, et, à défaut de règlements et usages, qu'à la distance de deux mètres de la ligne séparative des deux héritages, pour les plantations dont la hauteur dépasse deux mètres et à la distance d'un demi-mètre pour les autres plantations.

Les arbres, arbustes et arbrisseaux de toute espèce peuvent être plantés en espaliers de chaque côté du mur séparatif, sans que l'on soit tenu d'observer aucune distance, mais ils ne pourront dépasser la crête du mur.

Si le mur n'est pas mitoyen le propriétaire seul a le droit d'y appuyer ses espaliers.

Art. 672. — Le voisin peut exiger que les arbres, arbrisseaux et arbustes plantés à une distance légale soient arrachés ou réduits à la hauteur déterminée dans l'article précédent, à moins qu'il n'y ait titre, destination du père de famille ou prescription trentenaire.

Si les arbres meurent ou s'ils sont coupés ou arrachés, le voisin ne peut les remplacer qu'en observant les distances légales.

Art. 673. — Celui sur la propriété duquel avancent les branches des arbres du voisin peut contraindre celui-ci à les couper. Les fruits tombés naturellement de ces branches lui appartiennent.

Si ce sont les racines qui avancent sur son héritage, il a le droit de les y couper lui-même.

Le droit de couper les racines ou de faire couper les branches est imprescriptible.

## § 4

# APPENDICE AU PROJET DE CODE RURAL

Articles établissant le droit de clôture et donnant la définition de la clôture dont les Chambres ont ajourné la discussion.

647. — Tout propriétaire peut clore son héritage, sauf l'exception portée en l'article 682.

Le propriétaire qui veut se clore, perd son droit à la vaine pâture en proportion du terrain qu'il y soustrait.

648. — Est réputé clos tout héritage entouré soit par une haie vive, soit par un mur, une palissade, un treillage, une haie sèche d'une hauteur d'au moins 1 mètre, soit par un fossé de 1 mètre 20 de largeur à l'ouverture et de 0 mètre 50 de profondeur, soit par des traverses en bois ou des fils métalliques distants entre eux de 0 mètre 33 au plus et s'élevant à 1 mètre de hauteur, soit par toute autre clôture permanente faisant obstacle à l'introduction des animaux.

Si la clôture entre deux héritages, faite par un propriétaire, consiste en un fossé, ce fossé doit être creusé à la distance de 0 mètre 25 au moins de l'héritage voisin.

Si la clôture consiste en une haie vive, cette haie vive ne peut être établie qu'à 0 mètre 50 au moins de la limite.

Toute autre clôture peut être établie au point extrême de la propriété.

## § 5

## DÉCISIONS JUDICIAIRES

*Arrêt de la cour de cassation du 25 mai 1853 rendu
toutes chambres réunies.*

ARRÊT. La Cour ; — Vu les art. 545, 671 et 672,
Cod. Nap. ; — Attendu qu'aux termes de l'art. 671,
Cod. Nap., il n'est permis de planter des arbres à
haute tige qu'à la distance de 2 mètres de la ligne séparative des héritages ; — Que cette règle est absolue et générale ; — Qu'elle ne comporte d'autres exceptions que celles qui résultent de règlements particuliers préexistants, ou des usages locaux constants et
reconnus ; — Qu'ainsi, en dehors de ces exceptions,
limitativement circonscrites, cette règle doit être appliquée à tous les arbres à haute tige, soit que ces arbres,
par leur développement naturel, aient atteint les proportions qui les classent dans cette catégorie, soit, au
contraire, que, par le fait de l'homme, ils aient été
réduits et maintenus au-dessous de ces proportions ;
— Attendu que c'est par suite et en conformité de ce
principe que l'art. 672 du même code confère au voisin le droit spécial d'exiger directement l'arrache-
ment des arbres plantés à une moindre distance que
celle ci-dessus indiquée ; — Qu'en fondant ce droit sur
le fait même de la plantation des arbres, et non sur
leur plus grand ou leur moindre développement, le
législateur a clairement montré, en effet, que, pour

fixer les distances au cas dont il s'agit, il a spécialement considéré l'essence et la nature des arbres, et
non les faits accidentels et variables qui, d'après la libre appréciation des tribunaux, auraient pour résultat
de réduire et de maintenir à de certaines limites leur
développement ;

Attendu que l'arrêt attaqué constate, en fait, qu'il
existe sur le terrain de Sallot-Montachet des aulnes
plantés, les uns à la distance de un mètre quarante
centimètres de la ligne séparative des deux héritages ;
— Que cette constatation n'est point modifiée par la
reconnaissance et la déclaration que des règlements
particuliers ou des usages locaux légitimeraient dans
l'espèce, et eu égard aux arbres dont il s'agit, une distance de la ligne séparative des deux héritages moindre que la distance légale, et rendraient ainsi inappli-
cables les dispositions de l'art. 671 déjà cité: — Attendu que le même arrêt décide, en outre, et par le
motif que Sallot-Montachet a déclaré qu'il veut laîs-
ser ces arbres en taillis et qu'il s'engage à les couper
dès qu'ils auront atteint cinq mètres de hauteur, qu'en
cet état Bénault n'a pas le droit de demander qu'ils
soient arrachés : — Qu'en déclarant ainsi que Sallot-
Montachet avait le droit de conserver des aulnes plantés sur son terrain près de la ligne séparative des deux
héritages, à une distance moindre que celle prescrite
par la loi, l'arrêt a formellement violé les art. 671 et 672
cod. Nap. ; — Casse, etc.

*Jugement du tribunal de la Seine du 8 fév.* 1880.

Le tribunal a décidé que la cession de mitoyenneté était une vente véritable et que dès lors le privilège de l'art. 2103 en se conformant à la loi de 1855 pouvait être opposable. — Attendu que la Compagnie générale de travaux publics, à l'appui de son contredit, soutient ; 1°...; 2° que le privilège du vendeur ne s'applique pas aux droits de mitoyenneté, puisqu'il n'y a ni vente ni contrat dans les rapports de deux voisins, et que les art. 660 et 661 C. civ., ne sont que l'application d'une servitude légale existant à leur profit ; — En ce qui touche le privilège : — Attendu que la cession des droits de mitoyenneté, qu'elle soit volontaire ou imposée par la loi, moyennant une somme convenue entre les parties ou déterminée par le tribunal sur un rapport d'expert, contient, au point de vue du droit de préférence, tous les caractères d'une vente ; — Que les art. 660 et 661, c. civ., disposent que le voisin qui n'a pas contribué à l'exhaussement du mur peut en acquérir la propriété, et que tout propriétaire joignant un mur a, de même, la faculté de le rendre mitoyen en remboursant la moitié de sa valeur et la moitié du terrain ; — Que ce mot « *acquérir* » définit suffisamment le caractère de cette cession, et qu'il est impossible de ne pas reconnaître que le prix de cette cession est garanti par le privilège de l'art. 2103 ; — Attendu que Pinson a fait transcrire son titre dans les délais de la loi de 1855 ; — Qu'il est donc opposable à la Société de travaux publics ; — Par ces motifs : — Dit et ordonne que le règlement provisoire de l'ordre Allain sera rectifié, etc.

Cette doctrine est conforme à l'opinion de quelques auteurs (Demolombe (*Servitude*, 367, Laurent, tome 7, n° 521). Mais la cour de Paris, le 22 janvier 1834 (S. 1834, 2, 94), avait décidé en sens inverse et la cour de cassation en 1864 avait également décidé qu'il n'y avait pas vente véritable et que, par conséquent, il n'y avait pas lieu d'appliquer les principes généraux.

L'on a pu voir, au texte, quelles distinctions nous établissions sur ce point entre la vente volontaire, et l'acquisition résultant d'un jugement rendu conformément à l'article 661.

*Jugement du tribunal de la Seine du 25 mars 1882*

Ce jugement établit qu'un propriétaire peut toujours s'affranchir de l'obligation de contribuer à la construction d'une clôture mitoyenne, quand bien même les deux héritages se trouveraient situés dans une ville ou un faubourg, en abandonnant moitié du sol nécessaire à l'édification de cette clôture (art. 663, 653, 656 et 699 du code civil combinés).

« Le tribunal,

» Attendu que la veuve Maille soutient que, dans tous les cas, la veuve Barnier n'en devrait pas moins contribuer aux charges de construction, l'art. 663 du code civil imposant aux habitants des villes l'obligation de se clore, et établissant une servitude de voisinage, en vertu de laquelle chacun peut contraindre son voisin, dans les villes et faubourgs, à contribuer aux constructions et réparations des clôtures séparatives ; que cette contrainte constituant une servitude légale ne serait plus qu'une lettre morte et sans résultat pratique et sérieux s'il suffisait, pour s'y soustraire, d'abandonner à son voisin la moitié du sol nécessaire à la construction de la clôture ;

» Mais attendu qu'une semblable interprétation de l'art. 662 du code civil est contraire aux principes qui règlent la matière des servitudes ;

» Qu'en effet, le législateur, après avoir édicté dans l'art. 653 que les règles concernant les présomptions de mitoyenneté étaient les mêmes dans les villes et dans les campagnes, a posé comme principe général et absolu dans les articles 656 et 699, que le propriétaire assujetti pouvait toujours s'affranchir de la charge dont il était tenu, comme détenteur d'un fonds servant, en abandonnant ce fonds au propriétaire voisin, auquel la servitude est due ; que l'art. 663 du code civil ne fait pas exception à ce principe ;

» Que les articles 656 et 699 sont conçus dans des termes trop généraux pour souffrir la moindre exception ; d'où il suit que l'obligation de se clore dans les villes édictée par l'article 663, doit être entendue dans ce sens qu'il faut, ou se clore, ou abandonner la moitié du sol et la mitoyenneté ;

» Qu'au surplus, cette façon d'interpréter l'article 663 se trouve confirmée par les travaux préparatoires du code ;

» Qu'ainsi, ni en fait ni en droit, la veuve Barnier n'est tenue de contribuer aux dépenses de mitoyenneté, dont la veuve Maille lui demande le remboursement ;

» Par ces motifs,

» Déclare la veuve Maille mal fondée en ses demandes, fins et conclusions ; l'en déboute ;

» Et la condamne aux dépens. »

*Jugement du tribunal de la Seine du 2 août* 1859

Le tribunal avait rendu le jugement suivant :

Le tribunal,— « Attendu que l'acquisition du droit de mitoyenneté comprend un démembrement de la propriété susceptible d'hypothèque, et sur lequel les créanciers ont un droit de suite comme dans toute espèce d'aliénation de droits immobiliers.

» Que par suite, c'est à bon droit que Cellard a imposé ses offres réelles à Ballutet, à la condition de lui rapporter le certificat de radiation des inscriptions grevant sa propriété ou le consentement de ses créanciers, à ce qu'il touche la somme de 5,543 fr. pour solde du compte de mitoyenneté.

» Par ces motifs,

» Le tribunal, sans s'arrêter ni avoir égard aux demandes, fins et conclusions de Ballutet dont il est débouté,

» Déclare bonnes et valables les offres réelles faites à Ballutet par Cellard, le 6 juin 1859, ensemble la consignation qui s'en est suivie, suivant procès-verbal de Jacquin, huissier.

» Déclare Cellard entièrement et définitivement libéré et quitte envers Ballutet, en principal et accessoires, à raison du droit de mitoyenneté sus-énoncé.

» Condamne Ballutet aux dépens ».

Sur appel, la Cour a rendu l'arrêt suivant :

« La Cour. adoptant les motifs des premiers juges :

» Et considérant en outre que l'acquéreur de la mitoyenneté d'un mur dépendant d'un immeuble sur lequel existe des inscriptions hypothécaires n'a point à se préoccuper des formalités qui pourraient être à remplir pour lever tout obstacle de la part des créanciers ayant hypothèques sur l'immeuble au paiement entre les mains du propriétaire vendeur du prix de mitoyenneté ;

» Que ces questions lui sont étrangères, mais que l'on ne saurait méconnaître qu'il s'exposerait à voir contester la validité de sa libération, s'il payait entre les mains du propriétaire sans l'assentiment des créanciers inscrits sur l'immeuble.

» Que par cela seul il doit être autorisé à exiger que toutes les garanties lui soient données contre un recours possible de la part des tiers ayant des droits hypothécaires sur l'immeuble dont une partie indivise lui a été transmise.

» Confirme... »

(*Gazette des Tribunaux*, 2 et 3 janvier 1861).

# POSITIONS

---

## DROIT ROMAIN

I. — Les cautiones rei uxoriæ étaient des stipulations incertaines ayant pour objet une restitution équitable de la dot.

II. — La défense d'hypothéquer ne dérive pas de la loi Julia, mais du Sénatus-consulte Velléien.

III. — La constitution de l'an 529 ( 30. C. V. 12) n'a pas ôté la propriété de la dot au mari.

IV. — La constitution de dot à l'origine était à Rome un acte purement à titre gratuit. Sous le droit classique, elle a un caractère mixte (page 52).

V. — La venditio dotis causa a été un procédé pour rendre la constitution de dot un acte à titre onéreux (page 54).

# DROIT CIVIL FRANÇAIS

I. — Le fait de construire seul sur son terrain le mur de clôture prive le constructeur du droit de se prévaloir de l'art. 663 (page 50).

II. — Dans les villes la faculté d'abandon de la moitié du terrain nécessaire pour la construction du mur n'est pas permise (page 48).

III. — Les rivières ni navigables, ni flottables sont *res nullius*, et ne peuvent être fermées par une chaîne allant d'une rive à l'autre (page 9).

IV. — Le mot « clôture » dans l'ordonnance du 7 septembre 1755 ne comprend pas les fossés.

V. — Le propriétaire peut user de la faculté de l'art. 661 même au cas où son voisin a usé de la faculté de l'art. 668 (nouveau) et au lieu d'une haie mitoyenne, élever un mur à l'extrémité de sa propriété. (page 45).

VI. — La vente de la mitoyenneté imposée en ventu de l'article 661, par une décision judiciaire laisse au vendeur le droit de résolution, mais ne lui donne pas le privilège de l'article 2103. — 1° (page 36).

## DROIT PÉNAL.

1. — Le sens de l'art. 456 C. P. ne doit pas être cherché dans la loi de 1791 et le mot clôture doit être entendu d'une façon générale (page 70).

II. — Les dégradations de clôture sont régies par l'art. 17 du titre 2 de la loi de 1791 (page 71).

III. — Le défaut de déclaration du changement de domicile ou de résidence, lorsqu'il est la cause unique du retard apporté par un homme de la réserve ou de l'armée territoriale à se rendre à un appel de sa classe, même si ce retard excède 15 jours ou un mois, ne constitue pas le délit d'insoumission.

## DROIT ADMINISTRATIF.

1. — Le propriétaire peut après l'avertissement donné par l'entrepreneur des travaux publics qui est autorisé à entreprendre des fouilles, enclore son terrain et l'affranchir de la servitude établie par l'arrêt de 1755.

II. — La faculté pour l'administration d'autoriser l'ouverture de carrières, n'est pas applicable au marché des fournisseurs de matériaux pour réparations et entretien des routes.

## HISTOIRE DU DROIT.

I. — Il y a eu des divorces à Rome avant celui de Carvilius Ruga.

II. — La recommandation était un fait regardé par la population comme bienfaisant au X° et XI° siècle.

III. — Le droit de vain pâturage était un droit de justice et non pas un droit de paroisse.

*Vu par le Président de la Thèse,*
J. E. LABBÉ.

*Vu par le Doyen,*
CH. BEUDANT.

Vu et permis d'imprimer :
*Le Vice-Recteur de l'Académie de Paris,*
GRÉARD.

# TABLE DES MATIÈRES


Pages.

INTRODUCTION. — Du droit de se clore — 1

CHAPITRE Ier. — Définition de la clôture — 12

CHAPITRE II. — De la propriété de la clôture — 16

CHAPITRE III. — Des moyens de preuves contraires à la présomption de mitoyenneté des clôtures — 25

CHAPITRE IV. — De l'acquisition de la propriété des clôtures — 34

§ 1. — De l'acquisition à l'égard des tiers — 39

CHAPITRE V. — Quelques facultés légales relatives aux clôtures — 43

§ 1. — Faculté d'acquérir la copropriété — 43

§ 2. — Faculté de faire cesser l'indivision — 44

§ 3. — Faculté de se contraindre réciproquement à une clôture — 47

CHAPITRE VI. — Obligations qu'entraîne la clôture — 52

CHAPITRE VII. — Effets que produit la clôture — 59

CHAPITRE VIII. — Entraves que rencontre le droit de clôture — 61

CHAPITRE IX. — De la protection de la clôture — 69

APPENDICE — 75

§ 1. — Loi du 28 septembre-6 octobre 1791 — 75

§ 2. — Loi du 20 août 1881 — 80

§ 3. — Tableau comparatif des articles modifiés — 84

§ 4. — Appendice au projet de code rural — 87

§ 5. — Décisions judiciaires — 88